마왕이여, 들라!

막힘없이,

정답을 넘어 우리의 세계를 넓히는 16가지 논쟁

박정란 지음

딥페이크부터
학생인권조례 폐지까지,
최신 이슈로 무장한
업그레이드 토론 수업!

토론!

북트리거

| 차례 |

토론을 시작하기 전에   6

1장 새로운 가족
: 다양한 존재와 어울려 살기

(첫 번째 주제) 비혼 출산, 인정해야 할까?   11

(두 번째 주제) 셰어런팅, 규제해야 할까?   23

(세 번째 주제) 반려동물 보유세, 도입해야 할까?   35

(네 번째 주제) 가상 인간, 계속 발전해도 괜찮을까?   47

2장 새로운 학교
: 더 자유롭고 건강한 학창 시절을 위해

(첫 번째 주제) 등교 시간, 자율화해야 할까?   61

(두 번째 주제) 학교 채식 급식, 확대해야 할까?   73

(세 번째 주제) 야간 자율 학습, 의무 시행 해야 할까?   85

(네 번째 주제) 학생인권조례, 폐지해야 할까?   97

새로운 사회

3장

: 미래의 일상과 일터는 어떤 모습일까?

(첫 번째 주제)   주 4일 근무제, 도입해야 할까?   **111**
(두 번째 주제)   MBTI 검사, 채용 과정에 활용해도 될까?   **123**
(세 번째 주제)   도시 철도 노인 무인승차, 폐지해야 할까?   **135**
(네 번째 주제)   현금 없는 매장, 금지해야 할까?   **147**

새로운 제도

4장

: 규제냐 자유냐, 더 복잡해진 국가의 역할

(첫 번째 주제)   대통령 피선거권 나이 제한, 완화해야 할까?   **161**
(두 번째 주제)   탄소세, 도입해야 할까?   **173**
(세 번째 주제)   도시의 고도 제한 규제, 완화해도 괜찮을까?   **185**
(네 번째 주제)   의사 조력 자살, 허용해야 할까?   **197**

교과 연계 목록   **209**

어떤 상황에서도 '막힘없이' 토론하고 싶은 여러분에게

어떤 사람들이 무슨 목적으로 이 책을 선택할까, 생각해 본 적이 있어요. '당연히 토론을 잘하고 싶은 사람이겠지.' 스스로 답을 내렸지요. 그러고 나서 자연스레 생각이 꼬리를 물었어요. '토론을 잘한다는 건 뭘까?' 하고 말이에요.

토론을 잘한다는 것은 '세상을 잘 이해하는 것'이라고 생각해요. 토론 주제는 대개 세상과 관련이 있기에, 세상을 잘 이해하지 못하면 생각을 정리하고 말할 수 없거든요. 토론을 잘하려면 세상이 어떻게 돌아가는지, 더 나은 세상을 위해 필요한 제도나 규제는 무엇인지, 세상을 혼란스럽게 하는 문제는 무엇인지 등에 관심을 가져야 한답니다.

여러분은 세상의 이야기에 얼마나 관심이 있나요? 학교와 학원을 오가는 틈틈이 친구들과 놀기도 해야 하는 바쁜 삶을 사느라 세상의 이야기까지 살필 시간이 없다고 생각하는 사람이 많을 것 같네요.

『막힘없이, 토론!』의 책장을 넘기고 있다면, 다시 차례로 돌아가 살펴봐 주세요. 이 책이 여러분이 꼭 알았으면 하는 16개의 토론거리를 4개의 큰 주제로 분류해 담고 있다는 걸 알 수 있을 거예요. 세상의 모든 토론거리를 전부 이해하는 건 어려운 일이겠지만, 이 정도라면 부담 없이 가벼운 마음으로 시작할 수 있을 거예요.

세상에 관해 관심을 가졌다면 그다음 단계는 내 생각을 정리하는 일이에요. 생각이 정리되어야만 당당하고 순조롭게 토론에 참여할 수 있답니다. 찬성 반대 의견을 결정하는 게 어렵게 느껴질 수도 있어요. 생각을 정리하려고 자료 조사를 하면 할수록 두 의견 모두 일리가 있다고 생각될 때도 있지요. 그렇지만 결국 토론에 참여하려면 어느 한쪽으로 의견을 정리해야만 해요.

이 책은 찬성 반대 의견이 팽팽하게 맞서고 있는 상황에서, 내 의견을 결정하고 생각을 정리하는 연습을 도와줄 거예요. 책 속의 찬성 반대 의견을 꼼꼼하게 비교하는 과정을 통해서 말이에요. 처음엔 두 의견에 모두 공감이 가겠지만, 한 번 더 살펴보면 한쪽으로 공감의 기울기가 내려갈 거예요.

우리 사회에서 '토론'이라는 단어가 가지는 무게는 다소 무거워요. 학교와 회사 등 사회 곳곳에서 토론 문화를 정착시키고자 노력하고 있지만, 여전히 토론이 부담스럽고 어렵다고 여기는 사람이 많죠. 토론의 사전적 의미는 "어떤 문제에 대하여 여러 사람의 의견을 말하여 논의함"이에요. 결코 무겁고 어려운 개념이 아니지요. 어떤 문제에 대해 생각을 나누고 내 의견을 밝히는 것을 가볍게 여겨줬으면 좋겠어요.

그리고 또 하나, 토론에 참여할 때 내 의견을 전달하는 것이 중요한 것만큼 다른 사람의 의견을 존중했으면 해요. 나와 다른 의견을 가지고 있다고 해서 틀렸다고 판단해서는 안 돼요. 우리에게 토론이 필요한 이유는 더 나은 결과를 끌어내기 위함이지, 내 의견이 옳다고 우기기 위한 것은 아니거든요. 내 의견과 반대되는 의견에 거부감을 가지기보다 왜 그런 생각을 가지게 되었을까 고민해 보는 자세가 필요해요.

앞으로 여러분이 살아갈 사회에서는 토론의 중요성이 점치 거질 거예요. 『막힘없이, 토론!』이 여러분이 토론 자신감을 형성하는 데 도움이 되었으면 해요. 그 어떤 상황에서도 막힘없이 적극적으로 토론에 참여할 수 있는 비결이 책 속에 오롯이 담겨 있으니, 꼭 여러분의 것으로 만들어 보세요.

2024년 봄, 박정란

1장

새로운 가족

: 다양한 존재와
어울려 살기

비혼 출산, 인정해야 할까?

여러분! 안녕? 『막힘없이, 토론!』 첫 번째 시간에는 '비혼 출산, 인정해야 하는가'를 주제로 토론해 보려고 해. 지난 2020년 11월 방송인 후지타 사유리 씨가 일본 정자은행(남성 기증자의 정액을 인공수정이나 연구에 사용하기 위해 체외에 보관했다가 선택한 대상자에게 제공하는 기관)에서 정자를 기증받아 홀로 출산했다는 소식이 전해졌어. 이에 결혼하지 않고 인공수정(인위적으로 채취한 정액을 여성의 배란기에 맞춰 자궁 안에 주입해 수정시키는 일)·체외수정(모체 밖에서 이뤄지는 수정) 등 보조 생식술을 이용해 아이를 낳는 '비혼 출산'에 관한 사회적 관심이 급속도로 높아졌지.

뒤이어 사유리 씨가 아이와 육아 예능에 출연하면서, 이를 두고 찬반 논란이 일었어. TV 프로그램이 '비정상적인 가정'을 미화하고 장려한다며 출연을 반대하는 국민 청원이 올라오는가 하면, 결혼하지 않고도 아이를 낳을 권리가 있다며 여성의 자기 결정권을 존중해야 한다는 의견도 나왔지. 이런 논란 속에서 과연 정상적인 가족의 형태란 무엇인지 의문을 가지는 사람이 늘어났고, 가족의 개념과 범위를 다시 규정해야 한다는 주장도 나오고 있어.

토론에 앞서 가족의 개념에 대해 짚어 볼까? 가족의 사전적 정의는 '주로 부부를 중심으로 한, 친족 관계에 있는 사람들의 집단 또는 그 구성원'이야. 전통적으로 '가족'은 결혼과 혈연 중심 집단, 즉 혼인 관계의 부부와 그들의 자녀로 구성된 집단을 가리켜. 하지만 오늘날에는 가족의 형태가 다양해지면서 서로 유대감을 가지고 함께 생활하는 공동체로 가족의 의미가 확대되는 중이야.

가족은 사회의 유지와 질서를 위해 다양한 기능을 수행하는데, 그중 하나가 '자녀 출산의 기능'이야. 부부는 자녀를 출산함으로써 부모로 거듭나고, 사회 구성원을 재생산하는 역할을 하지. 한편 요즘은 가부장적인 문화가 약화되고 성 평등 의식이 확대되면서 가족 가치관(가족·가정생활에 관해 일반적으로 지니는 인식이나 관점)이 변화하고 있어. 이에 따라 자녀 출산에 관한 인식에도 변화가 생겼지. 과거에는 자녀를 많이 낳는 것을 미덕으로 여겼지만, 오늘날에는 출산이 선택의 문제라는 인식이 널리 확산되었어.

잠깐!

토론 전에 생각해 보기

☐ 비혼 출산이 인구 절벽 등 출산율 저하에 대한
대안이 될 수 있을까?

☐ 육아 혜택의 사각지대에 놓인 자발적 비혼모를
어떻게 도우면 좋을까?

☐ 혼인의 테두리에서 벗어난 동거인을 제도적으로
포용하는 '동반 가족 등록제'가 필요할까?

☐ '비혼 출산'에 대한 '나'의 생각은?

도움이 되는 자료들

시급히 필요한
비혼 출산·양육자 지원책

현행 건강가정기본법
수정 및 확대 필요

찬성 1

오늘날에는 가족의 형태가 다양해지고 있어. 전통적인 가족의 개념을 다시 규정해, 비혼 출산을 인정하고 받아들여야 해.

오늘날에는 1인 가구와 비혼 인구가 급격하게 증가하고, 가족이 개념과 형대가 다양해지고 있어. 이에 발맞춰 비혼 출산을 사회 변화에 따라 등장한 새로운 현상으로 인정하고 받아들여야 해.

〈자료 1〉은 현행법에서의 가족 범위에 관한 내용이야. 비혼 출산을 인정하면 이처럼 전통적인 가족 개념이 해체될 거라고 우려하는 이들이 있는데, 그 의견에 동의하기 어려워. 독신 가족, 공동체 가족, 비혼모·부 가족 등이 증가하면서 이미 가족의 개념은 크게 변화하고 있으니까 말이야. 오히려 지금의 법·제도에 규정된 전통적인 가족 개념을 수정해서, 다양한 가족 형태를 존중하고 보호해야 한다고 봐. 남녀 부부와 그들의 자녀로 구성된 가족을 '정상 가족'이라고 규정하고, 그 외의 가족은 '비정상'이라 여기는 기존 인식을 바꾸기 위해서라도 제도적인 개선이 반드시 뒷받침돼야 하지. 한편 비혼 출산 문제는 여성의 자기 결정권과도 관계가 깊어. 어머니가 될 권리가 기혼 여성에게만 인정되는 것은 부당해.

2021년 4월 여성가족부는 비혼 동거 커플이나 위탁 가족도 법률상 가족으로 인정하는 등 가족의 개념을 확대하고, 정자 기증 등을 통한 비혼 출산 같은 '가족 구성 선택권'에 관한 정책을 검토하겠다고 발표했어. 하루빨리 제도적 변화가 이뤄져, 비혼 출산에 대한 인식이 개선되고 모든 형태의 가족이 차별받거나 정책에서 배제되지 않았으면 좋겠어.

〈자료 1〉 현행법에 따른 가족 범위

민법 799조
　① 다음의 자는 가족으로 한다.
　 1. 배우자, 직계 혈족 및 형제자매
　 2. 직계 혈족의 배우자, 배우자의 직계 혈족 및 배우자의 형제자매
　② 제1항 제2호의 경우에는 생계를 같이 하는 경우에 한한다.

건강가정기본법 3조
　 1. "가족"이라 함은 혼인·혈연·입양으로 이뤄진 사회의 기본 단위를 말한다.

NO!

반대1

비혼 출산을 인정하면 비혼율이 증가하고, 가정이 해체될 수 있어. 한편 태어날 아이의 행복과 권리가 침해될 가능성도 있지.

비혼 출산을 인정하면 가족에 대한 보편적 가치관과 질서가 무너지게 될 기야. 또 지금도 심각한 문제로 자리하고 있는 비혼율이 더욱 높아질 테고, 이로 인해 가정이 해체돼 그 기능을 상실하는 결과로 이어질 수도 있지.

한편 비혼 출산을 찬성하는 근거 중 하나인 여성의 자기 결정권만을 지나치게 강조하는 것 또한 경계해야 해. 여성의 자기 결정권을 중시하느라 태어날 아이의 권리를 외면하고 있는 건 아닌지 되짚어 볼 필요가 있어. 비혼 출산으로 태어난 아이는 자신의 의지와 상관없이 아빠와 함께 살 권리를 빼앗기는 거잖아.

〈자료 2〉를 보면, 많은 사람이 태어날 아이의 권리와 행복을 중요한 가치로 여기기 때문에 비혼 출산을 반대한다는 사실을 알 수 있어. 비혼 출산으로 태어난 아이가 성장하며 겪게 될 소외감과 혼란, 아버지에 대한 알 권리를 등을 고려한다면, 비혼 출산을 결코 인정해서는 안 돼.

비혼 출산과 관련해서는 단순히 아이 낳는 것을 넘어 키우는 문제, 즉 '비혼 양육'으로까지 영역을 확대해 심도 있게 논의해 봐야 해. 비혼 여성이 홀로 아이를 키우는 건 결코 쉬운 일이 아니야. 혼자 일과 돌봄을 병행해야 할 텐데, 그로 인해 방치되고 고통받는 아이들이 생길 수 있음을 간과해선 안 돼.

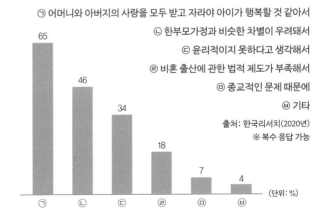

〈자료 2〉 비혼 출산을 반대하는 이유는 무엇인가?

㉠ 어머니와 아버지의 사랑을 모두 받고 자라야 아이가 행복할 것 같아서
㉡ 한부모가정과 비슷한 차별이 우려돼서
㉢ 윤리적이지 못하다고 생각해서
㉣ 비혼 출산에 관한 법적 제도가 부족해서
㉤ 종교적인 문제 때문에
㉥ 기타
출처: 한국리서치(2020년)
※ 복수 응답 가능

65 ㉠
46 ㉡
34 ㉢
18 ㉣
7 ㉤
4 ㉥
(단위: %)

YES!

외국의 경우 비혼 출산을 허용하는 나라들이 많아. 비혼 출산을 인정하면 저출산 및 인구 감소 문제를 해결할 수 있을 거야.

현재 일본, 미국, 영국 등 다수의 나라에서 비혼 출산을 허용하고 있어. 유럽연합(EU)의 경우 전체 27개국 중 무려 17개국이 비혼 출산을 인정하고 있지. 한편 외국의 경우 결혼 제도 바깥의 혼외 출산 비율 또한 상당히 높은 편이야. 〈자료 3〉을 보면, 2020년 기준 OECD 국가의 혼외 출산율 평균은 약 42%였는데 우리나라는 2.5%에 불과해.

현재 우리나라에서 비혼 출산이 불법은 아니야. '생명윤리 및 안전에 관한 법률'에 따르면, 배우자가 있는 경우 인공수정 시술을 받을 때 배우자의 서면 동의를 받아야 해. 만약 배우자가 없을 경우에는 동의란을 비워 놓으면 되지. 하지만 대한 산부인과학회 윤리 지침상 체외수정 시술 대상을 법률혼·사실혼으로 한정하고 있어서, 비혼인 사람에게 관련 의료 시술을 시행하지 않는 상황이야. 이렇듯 비혼 출산이 불법도 합법도 아닌 상태라 혼란과 논란이 커지고 있는 거지.

비혼 출산이 인정되면 저출산 및 인구 감소 문제를 해결할 수 있을 거라는 의견도 있어. 통계청 자료에 따르면, 2023년 우리나라 합계 출산율(여성 한 명이 가임 기간, 즉 15~49세에 낳을 것으로 예상되는 평균 자녀 수)은 0.72명에 그쳤어. 특히 작년 4분기 합계 출산율은 0.65명으로, 사상 첫 0.6명대 분기 출산율을 기록해 충격을 줬지. 비혼 출산이 공식적으로 허용되면 결혼과 관계없이 출산을 희망하는 여성들이 아이를 낳을 수 있는 환경이 만들어질 테고, 나아가 출산율 증가에도 긍정적인 영향을 미칠 거야.

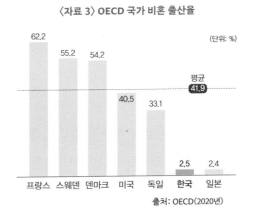

〈자료 3〉 OECD 국가 비혼 출산율

(단위: %)

프랑스 62.2
스웨덴 55.2
덴마크 54.2
미국 40.5
독일 33.1
평균 41.9
한국 2.5
일본 2.4

출처: OECD(2020년)

반대 2

비혼 출산을 인정하면 좋은 유전자를 선택하기 위한 시장이 형성돼 인간의 상품화, 생명 경시 풍토가 생겨날 우려가 귀.

비혼 출산을 인정하면 생명의 존엄성과 가치가 심각하게 훼손될 거야. 누구나 정자·난자를 기증받아 출산할 수 있게 된다면, 이와 관련된 매매 시장이 형성될 거라고 예상돼. 현재 우리나라에서 정자·난자를 사고파는 것은 불법이야. 비혼 출산이 허용되면 더 좋은 유전자를 지닌 정자·난자를 선택하려는 사람이 많아질 테고, 그러다 보면 법이 적용되지 않는 어두운 경로를 통해 매매가 이뤄질 가능성이 커. 이러한 행위는 인간의 상품화와 생명 경시 현상으로 이어질 수 있어.

외국에는 상업화된 정자은행이 존재해. 이곳에서 기증자의 인종, 키, 눈동자 색, 학력 수준 등을 선택할 수 있지. 이렇듯 원하는 기준에 따라 아이의 유전적 요소를 선택하는 일이 마음에 드는 물건을 쇼핑하는 것과 어떤 차이가 있는지 의문이야. 한편 비혼 출산이라고 하면 출산을 원하는 비혼 여성을 떠올리지만, 이는 여성만의 문제가 아니야. 비혼인 남자가 아이를 낳길 원할 경우, 난자 기증자는 물론 대리모가 필요해. 대리모 문제는 또 다른 차원의 논란거리지. 그 밖에 동성 커플에게도 비혼 출산을 허용할지에 대한 찬반 여론이 거세게 충돌할 것이 분명해.

최근 비혼 출산에 관한 인식이 다소 긍정적으로 변화한 것은 사실이야. 하지만 비혼 출산을 원치 않는 사람이 여전히 훨씬 많지. 국민적 합의가 충분히 이뤄지지 않은 상황에서, 무리하게 관련 정책을 마련하기보다는 철저한 공론화 과정을 거쳐야 해.

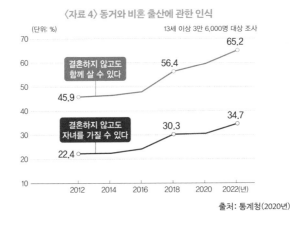

〈자료 4〉 동거와 비혼 출산에 관한 인식

(단위: %)　　　　　　　　　　　13세 이상 3만 6,000명 대상 조사

결혼하지 않고도 함께 살 수 있다
45.9　56.4　65.2

결혼하지 않고도 자녀를 가질 수 있다
22.4　30.3　34.7

2012　2014　2016　2018　2020　2022(년)

출처: 통계청(2020년)

첫 번째 토론 주제로 '비혼 출산, 인정해야 하는가'에 대해 이야기해 봤는데, 찬반 의견이 팽팽히 맞서 생각할 거리가 많았어. 그럼 오늘 나온 의견들을 정리해 볼게.

먼저 찬성 측은 갈수록 가족의 개념과 형태가 다양해지는 만큼, 비혼 출산 또한 인정돼야 한다고 주장했어. 또 비혼 출산을 허용함으로써 저출산 및 인구 감소 문제를 해결할 수 있을 거라고 기대했지.

이에 반대 측은 비혼 출산을 인정하면 가정의 해체와 기능 상실로 이어질 수 있다고 우려했어. 여성의 자기 결정권만큼이나 태어날 아이의 행복과 권리도 중요하다고 말했지. 한편 좋은 유전자를 지닌 정자·난자를 사고파는 시장이 형성돼 인간의 상품화, 생명 경시 풍토가 생겨날 수 있다고 지적하기도 했어.

정부 차원에서 비혼 출산에 관한 논의를 진행 중이니, 하루빨리 사회적 공감대를 형성할 수 있는 실효성 높은 정책이 마련되길 기대해 보자.

셰어런팅,
규제해야 할까?

이번 시간에는 셰어런팅(sharenting)에 관해 토론하려 해. 셰어런팅이란 공유를 뜻하는 영어 단어 셰어(share)와 육아라는 의미의 페어런팅(parenting)을 합친 말로, 자녀의 모습이 담긴 사진이나 영상을 SNS에 공유하는 행위를 의미해. 셰어런팅을 하는 부모를 가리켜 셰어런츠(sharents, share와 parents를 합친 말)라고 부르기도 하지.

최근 한 배우가 SNS에 옷을 입지 않은 아들의 뒷모습 사진을 올리면서 셰어런팅 관련 논란이 불거졌어. 아직 자기 의사를 명확히 표현하기 어려운 아이의 권리를 함부로 다뤘다는 것이 문제의 핵심이었지. SNS에 올린 자녀의 사진이 범죄에 악용될 수 있다는 지적도 이어졌어. 셰어런팅을 규제해야 한다는 의견이 거세지는 한편, 규제는 무엇보다 표현의 자유를 제한하는 일이며 육아 정보 공유 등 셰어런팅의 긍정적인 효과 또한 고려해야 한다는 주장도 나왔어.

인터넷이 발달하고 스마트폰 사용이 보편화되면서 언제 어디서나 자유롭게 사진을 찍고 SNS에 올릴 수 있게 됐어. 셰어런팅은 이와 함께 나타난 사회 현상이야. 2013년 영국의 일간지 《가디언》에서 이 단어를 처음 사용했지.

우리나라에서는 부모가 아이의 일상을 SNS에 공유하는 일이 자연스럽게 받아들여지는 분위기야. 하지만 외국에서는 자녀의 개인 정보가 침해되고 범죄의 표적이 될 수 있다는 점에서 셰어런팅을 부정적인 시각으로 바라보는 경우가 많지.

또한 셰어런팅은 자녀의 인격권을 침해한다는 문제점이 있어. '인격권'이란 권리의 주체와 분리할 수 없는 인격적 이익을 보장받을 수 있는 권리야. 개인의 존엄성과 사적인 권리를 보호하기 위해 마련됐어. 사생활을 침해당하지 않을 권리인 프라이버시권, 자신의 성명을 사용하는 것에 관한 사적인 권리인 성명권, 자신의 초상(사진·그림 등에 나타낸 사람의 얼굴이나 모습)에 대한 독점적인 권리인 초상권 등이 여기에 해당하지. 자, 그럼 셰어런팅 규제를 찬성하는지, 반대하는지 토론을 시작해 볼까?

잠깐!

토론 전에 생각해 보기

□ 보호자로서 부모의 권리를 어디까지 인정할 수
   있을까?

□ 개인 정보 관리를 효율적으로 하기 위한 방법은
   무엇일까?

□ '셰어런팅 규제'에 대한 '나'의 생각은?

도움이 되는 자료들

셰어런팅 관련
논의 본격화

개인정보보호위원회
내정보지킴이 캠페인

찬성 1

SNS에 올린 자녀의 사진이 디지털 성범죄·유괴·보이스 피싱 등 각종 범죄에 악용될 가능성이 있어.

요즘 대다수 부모가 SNS에 자녀 사진을 올리는 일을 아무렇지 않게 생각해. 2021년 세이브더칠드런(아동 권리 실현을 위해 활동하는 국제 비정부 기구)의 조사에 따르면 만 0~11세 자녀를 둔 부모 1,000명 가운데 84%가 자녀의 사진이나 영상을 SNS에 게시한 적이 있다고 대답했어. 이 가운데 35.8%는 이용자 누구나 볼 수 있도록 게시물을 전체 공개로 설정했다고 응답했지.

셰어런팅의 가장 큰 문제는 부모가 올리는 사진이 자녀의 안전을 위협하는 수단이 될 수 있다는 점이야. 부모의 SNS만 검색해 봐도 자녀의 이름·나이·사는 곳 등에 관한 정보를 쉽게 찾아낼 수 있거든. 이런 정보들은 불특정 다수에게 노출되어서 자칫 유괴·디지털 성범죄·보이스 피싱 등 각종 범죄에 악용될 수 있어. 실제로 2016년 EBS 〈다큐 시선〉이라는 프로그램에서 셰어런팅과 관련한 실험을 진행한 적이 있어. 낯선 여성이 부모의 SNS에서 얻은 정보를 이용해 어린이에게 접근하는 내용이었지. 실험 대상이 된 어린이는 처음에 낯선 여성을 경계하다가도 그가 자신에 관한 정보를 줄줄이 꿰고 있는 걸 보고 마지막에는 여성의 손을 잡고 따라갔어.

그런가 하면 SNS에 올린 자녀의 사진이 허락 없이 타인에게 함부로 도용될 가능성도 있어. 요즘은 우리나라는 물론 외국에서도 개인이 SNS에 올린 사진을 도용해 제품 홍보에 사용하는 등 상업적으로 이용하는 일이 빈번하게 발생하곤 하지. 〈자료 1〉을 보면 앞으로 셰어런팅과 관련한 범죄가 증가할 위험이 커 보여. 이 같은 문제를 예방하기 위해서라도 셰어런팅을 반드시 규제해야 해.

〈자료 1〉 셰어런팅의 위험성

2021년 세이브더칠드런이 공개한 자료에 따르면, SNS에 자녀 관련 콘텐츠를 올린 부모의 13.2%가 개인 정보 도용과 불쾌한 댓글 등을 직접 경험했다고 한다. 2016년 호주 사이버안전위원회는 소아 성범죄 사이트에서 발견된 사진의 절반가량이 보호자의 SNS에 올라온 자녀의 평범한 사진들이라고 발표했다. 또한 글로벌 금융 기업 바클리는 2030년 성인이 될 아동들에게 일어날 신분 도용 범죄의 3분의 2가 셰어런팅에 의해 발생할 것이라고 경고했다.

반대 1

셰어런팅에는 부모들이 육아 정보를 공유하고, 육아 과정에서 느끼는 우울감이나 고립감을 해소하는 순기능이 있어.

셰어런팅이라는 말이 조금 생소하게 느껴질 순 있지만, 부모가 SNS상에 자녀의 사신을 올리고 공유하는 행동 자

체는 더 이상 낯설지 않아. 언젠가부터 셰어런팅은 현대사회의 새로운 육아 문화로 자리 잡았지. 〈자료 2〉에서도 살펴볼 수 있듯 상당수의 부모가 자녀의 성장을 기록하기 위해, 혹은 자녀의 근황을 주변에 알리기 위해 SNS에 사진이나 영상을 올리고 있어. 휴대전화나 컴퓨터에 저장해 두면 다시 보지 않는 경우가 많고, 그때그때 필요한 자료를 찾기도 번거로워. 하지만 SNS에 육아 일기를 쓰듯 자녀의 사진이나 영상을 올리고 간단한 설명을 덧붙여

놓으면 언제 어디서나 찾아보며 추억을 되새길 수 있지. 지인이나 친인척에게 일일이 따로 연락하지 않아도 자녀의 일상을 알릴 수 있어 편리하기도 해.

한편 셰어런팅은 부모들이 서로 육아 정보를 공유하고, 커뮤니티를 형성해 육아 중 느끼는 우울감이나 고립감을 해소하는 데도 도움을 줘. 우리 사회가 핵가족화됨에 따라 육아 경험과 정보를 나누기 어려워진 상황에서 사람들은 SNS를 활용하기 시작했어. 과거에는 가족이나 마을 공동체에서 육아의 고충을 나누곤 했는데, 정보 기술의 발달로 그 공간이 온라인으로 이동한 거야. 사람들은 SNS상에서 육아라는 같은 관심사를 가진 이들과 소통하며 서로 정보를 공유하고 있지. 이처럼 셰어런팅이 지니는 긍정적인 효과가 분명한 상황에서 규제를 적용하는 건 섣부른 일이라고 생각해.

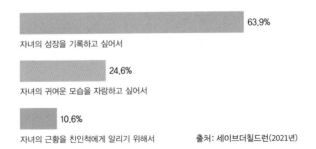

〈자료 2〉 자녀의 사진이나 영상을 SNS에 올리는 이유는?

63.9%
자녀의 성장을 기록하고 싶어서

24.6%
자녀의 귀여운 모습을 자랑하고 싶어서

10.6%
자녀의 근황을 친인척에게 알리기 위해서   출처: 세이브더칠드런(2021년)

찬성 2

셰어런팅은 자녀의 인격권을 침해하는 일이야. 심각한 사회문제로 확대되기 전에 적절한 규제를 마련해야 해.

부모가 보호자라는 이유로 게시글의 상당수가 자녀의 의사와 관계없이 공유되고 있어. 보호자가 의도하지 않았더라도, 자녀 본인의 의사와 상관없이 SNS에 자녀 사진을 마음대로 게재하는 것은 아동의 권리를 침해하는 일이야. 엄밀하게 따지면 이는 아동의 자기 결정권, 초상권 등과 같은 인격권을 침해하는 행위라고 볼 수 있지.

부모의 셰어런팅 때문에 훗날 청소년이 된 자녀가 고통받을 수 있다는 의견도 나와. 현재 SNS에는 사적이고 민감한 모습이 담긴 아동의 사진이 수없이 공유되고 있어. 미래에 성장한 자녀들이 이를 보고 수치심이나 불쾌감을 느낄 가능성이 충분하지. 스스로 자아를 찾아가는 청소년기에 이를 본다면 부모가 온라인상에 이미 만들어 놓은 정체성에 혼란을 느낄 수도 있고 말이야. 심하게는 셰어런팅 때문에 사이버불링 같은 따돌림에 노출될 우려도 제기돼. 한 디지털 장의사(인터넷에 유포된 개인 정보를 완전히 없애 주는 일을 하는 사람)는 잊힐 권리(인터넷에 있는 자신과 관련된 각종 정보의 삭제를 요구할 수 있는 권리)와 관련한 서비스를 의뢰하는 고객 중 55%가 아동·청소년이었다고 인터뷰하기도 했어.

현재 우리나라에는 셰어런팅에 관한 법적 규정이 없지만, 해외 일부 국가에는 이미 관련 규제가 마련돼 있어. 우리도 셰어런팅이 심각한 사회문제로 확대되기 전에 적절한 규제를 마련해야 해.

〈자료 3〉 외국의 셰어런팅 규제 사례

- 프랑스에서는 부모가 자녀 사진을 동의 없이 SNS에 게재했을 때 최대 1년 징역에 벌금 4만 5,000유로(약 6,000만 원)의 벌금을 내야 한다. 성인이 된 자녀가 자신의 이미지와 사생활에 대한 권리를 침해당했다고 판단하면 부모에게 손해배상을 청구할 수도 있다. 또한 2023년에는 부모 중 한 명이 자녀 사진 공개에 동의하지 않으면 법원이 아동 초상권 공개를 금지할 수 있게 한 법안이 프랑스 하원을 통과했다.

- 2018년 베트남에서는 부모가 자녀의 사진이나 동영상 등을 허락 없이 SNS에 올리면 처벌할 수 있도록 하는 법 개정을 추진했다. 만 7세 이하 어린이의 개인 정보를 올리려면 당사자의 허락을 반드시 받아야 하며, 이를 어기면 최고 5,000만 동(약 250만 원)의 벌금형에 처하는 것이 주요 내용이다.

NO!

반대2

반대2

자녀의 사진을 SNS에 올리는 것은 부모의 자유이자 권리야. 이를 국가가 법으로 규제하는 것은 지나친 간섭으로 보여.

거기 까지~

가이드라인

무심코 한 셰어런팅이 자녀의 안전에 위협이 되고, 권리를 침해할 수 있다는 의견에 공감해. 하지만 이를 이유로 셰어런팅 자체를 규제하는 것은 국가의 지나친 간섭이라고 봐. 부모가 양육 과정에서 자녀와 함께하는 일상을 SNS에 올리고 사람들과 공유하는 것은 개인의 자유이자 권리야. 이를 국가가 법으로 규제하는 것은 부모의 기본권을 침해하는 일이지.

셰어런팅을 통해 삶의 전환점을 맞이하고 경제활동을 해 나가는 이들도 있어. 처음에는 남들처럼 평범하게 SNS에 자녀의 사진을 올리기 시작했다가, 큰 인기를 얻으면서 인플루언서(대중에게 영향력을 미치는 사람)로 활동하는 경우처럼 말이야. 이들 가운데에는 많은 팔로워 수를 활용해 육아용품, 의류 등을 판매하며 수입을 얻는 사람도 있어.

강제성을 지닌 법적 규제를 마련하기보다는 올바른 셰어런팅 방법을 널리 알리는 것이 더 중요하다고 봐. 아직 낯선 개념인 셰어런팅에 관해 이해시키고, 자녀의 안전과 권리를 지키기 위한 셰어런팅 가이드라인을 제시할 필요가 있어. 〈자료 4〉와 같이 참고할 만한 가이드라인이 이미 마련돼 있으니, 텔레비전·SNS·유튜브 등 다양한 매체를 통해 적극적으로 홍보한다면 긍정적인 효과를 거둘 수 있을 거야.

〈자료 4〉 아이를 지키는 셰어런팅 가이드라인

1. 아이의 미래에 대해 한 번 더 신중하게 생각해 주세요.
2. 아이에게 충분히 설명하고 "싫다."라고 말할 기회를 주세요.
3. SNS 기업이 개인 정보를 어떻게 이용하는지 확인하세요.
4. 아이의 개인 정보가 새고 있지 않은지 주기적으로 검색해 주세요.
5. 아이의 이름이 드러나지 않게 해 주세요.
6. 온라인 성범죄 위험으로부터 아이를 보호해 주세요.
7. 아이가 자주 가는 곳이 드러나지 않도록 조심해 주세요.
8. 올린 게시물은 주기적으로 삭제하세요.

출처: 세이브더칠드런(2021년)

토론 갈무리하기

오늘 토론에서 어떤 의견들이 나왔는지 정리해 볼게. 먼저 셰어런팅 규제 찬성 측은 SNS에 무심코 올린 자녀의 사진이 각종 범죄에 이용될 가능성이 있고, 훗날 성장한 자녀가 이로 인해 수치심을 느끼거나 사이버불링에 시달릴 우려가 있다고 지적했어. 또 당사자의 동의 없이 SNS에 게시글을 공유하는 것은 자녀의 권리를 침해하는 행위라고 주장했지.

반대 측은 셰어런팅의 긍정적인 측면에 주목했어. 온라인상에서 육아 정보를 공유하고, 육아 과정에서 느끼는 우울감이나 고립감을 해소하는 등 순기능이 있다고 이야기했지. 또 자녀의 사진을 SNS에 올리는 것은 부모의 자유이자 권리이며, 이를 규제하는 것은 국가의 지나친 간섭이라고도 했어.

이번 토론으로 셰어런팅의 개념을 확실히 정리하고 장단점을 이해할 수 있었어. 앞으로 셰어런팅의 긍정적인 효과를 살리면서 아동의 안전을 지키고 권리를 보장하는 방안이 마련되길 기대해 보자.

반려동물 보유세, ✕ 도입해야 할까?

오늘은 '반려동물 보유세 도입은 옳은가'를 주제로 토론해 보자. 반려동물 보유세란 반려동물을 키우는 반려 인구에 일정액의 세금을 부과하는 것을 뜻해. 지난 2020년 농림축산식품부는 '2020~2024년 동물 복지 종합 계획'을 발표하면서 반려동물 보유세 도입을 검토하겠다고 밝혔어. 발표 당시에도 큰 논란이 불거졌는데, 여전히 찬반 여론이 팽팽하게 대립해 농림축산식품부는 갈등 관리를 위해 본격적인 검토를 유예하고 있는 상황이지.

찬성 측은 반려동물 보유세를 도입하면 반려동물에 대한 반려인의 책임감을 키우고, 동물 복지 재원을 마련할 수 있다는 점에서 긍정적인 반응을 보여. 하지만 반대 측은 오히려 경제적 부담을 느끼는 반려인이 많아져 반려동물 유기가 늘어나는 등 부작용이 생길 거라고 우려하지.

반려동물이란 사람이 정서적으로 의지하기 위해 가까이 두고 기르는 동물을 뜻해. 과거에는 애완동물이라는 표현이 많이 쓰였는데, 여기에는 동물을 즐거움을 누리기 위한 소유물로 바라보는 인간의 시선이 담겨 있어. 동물에 대한 인식이 개선되면서 요즘은 반려동물이라는 표현이 훨씬 친숙해졌지.

최근 반려동물도 인생의 동반자이자 가족의 구성원으로 여기는 사례가 많아졌어. 전통적인 관점에서 가족은 결혼이나 혈연으로 맺어진 집단을 의미해. 하지만 오늘날에는 서로 유대감을 갖고 함께 살아가는 공동체로 그 개념이 확대되고 있어. 공동체 구성원이 더 이상 사람에 국한되지도 않지. 반려동물을 가족처럼 여기는 이들을 펫팸(pet과 family의 합성어)족이라고 부르기도 해.

보유세라는 용어도 한번 살펴볼까? 보유세란 개인이 가진 부동산·자동차 같은 재산에 부과하는 세금을 뜻해. 그런데 반려동물은 재산이나 물건이 아니므로 이 같은 용어가 적절하지 않다는 목소리가 있어. 또 세금이라는 단어가 국민에게 부정적인 인식을 줄 수 있으니 반려동물 양육비·등록비라는 용어로 대체하자는 의견도 제기되지. 제도 도입을 검토할 때 용어에 관한 논의도 충분히 이뤄져야 할 것으로 보여. 자, 이제 토론을 시작해 보자!

잠깐!

토론 전에 생각해 보기

☐ 반려동물 유기와 학대를 막기 위한 방법에는 어떤 것이 있을까?

☐ 오늘날 우리 사회의 반려동물을 위한 복지는 충분한 걸까?

☐ '반려동물 보유세'에 대한 '나'의 생각은?

도움이 되는 자료들

여전히 심각한
동물 학대 현황

반려동물과
함께하는 삶 모색

찬성 1

반려동물 보유세가 도입되면 반려동물 파양·유기 사례가 줄어들 거야. 확보한 재원은 동물 보호 및 복지에 활용할 수 있어.

반려동물 보유세는 성숙한 반려동물 문화를 정착시키는 데 긍정적인 역할을 할 거야. 작년 농림축산식품부가 발표한 '2022년 동물 보호에 대한 국민 의식 조사'에 따르면, 2022년 기준 국내 반려동물 양육 비율은 25.4%였어. 약 602만 가구로 우리나라 네 가족 중 한 가족 이상은 반려동물을 기르는 셈이지.

문제는 반려동물 수가 늘어난 만큼 유기되는(내다 버려지는) 동물 또한 많아졌다는 거야. 〈자료 1〉을 보면 해마다 10만 마리 이상의 유기 동물이 발생한다는 사실을 알 수 있어. 반려동물 보유세가 도입되면 반려인들의 책임감이 높아질 테고, 성숙한 반려동물 양육 문화가 자리 잡는 데 도움이 될 거야. 사람들이 반려동물 양육에 관해 보다 신중하게 고민하고 결정하게 될 테니 말이야. 보유세가 일종의 사전 검증 절차 같은 역할을 해서, 가벼운 마음으로 반려동물을 분양받은 뒤에 쉽게 파양하거나 유기하는 사람들을 걸러 낼 수 있을 것으로 보여.

반려동물 보유세를 통해 확보한 재원은 동물 보호 및 복지에 활용할 수 있어. 반려동물 보유세를 도입한다는 것은 반려동물 편의 시설·기관 설립, 반려인 교육, 유기 동물 처리 같은 반려동물 관련 문제를 국가 차원에서 관리하겠다는 의미이기도 해. 이에 따라 반려동물 양육 가구와 반려동물에게 다양한 혜택이 제공될 뿐만 아니라, 유기 동물 관리 비용 증가로 어려움을 겪고 있는 지방자치단체의 부담도 해소할 수 있어.

〈자료 1〉 유기 동물 발생 현황

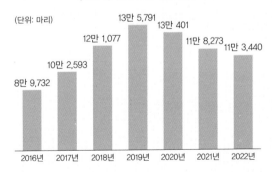

(단위: 마리)

- 2016년: 8만 9,732
- 2017년: 10만 2,593
- 2018년: 12만 1,077
- 2019년: 13만 5,791
- 2020년: 13만 401
- 2021년: 11만 8,273
- 2022년: 11만 3,440

출처: 농림축산검역본부 「2022 반려동물 보호와 복지 실태 조사 결과」

반대1

반려동물 등록제도 정착되지 않은 상황에서 보유세 도입은 적절치 않아. 유기 동물 수가 급증하는 등 부작용이 생길지도 몰라.

반려동물 보유세를 부과하려면 정부가 개개인의 반려동물 보유 여부를 명확히 파악할 수 있어야 해. 하지만 반려동물 등록제도 완전히 정착하지 않은 상황에서 반려동물 보유 여부를 파악할 방법이 마땅치 않아. 반려동물 등록제에 대한 자세한 내용은 〈자료 2〉를 보면 확인할 수 있어. 2014년부터 반려동물 등록제가 의무화됐지만 2021년 기준 반려동물 등록률은 37.4%에 불과해. 이런 상황에서 보유세가 도입된다면 성실하게 반려동물 등록을 마친 일부 사람들에게만 세금이 부과돼 형평성 논란이 일어날 거야.

한편 해당 제도가 도입되면 여러 부작용이 발생할 가능성이 있어. 우선 많은 반려인이 보유세 납부를 피하기 위해 의도적으로 반려동물을 등록하지 않을지도 몰라. 경제적 부담을 느낀 이들이 반려동물을 유기해 유기 동물 수가 더 급증할 수도 있지. 반려동물의 범위에 대한 정의가 명확하지 않다는 점도 문제야. 현행 동물보호법에 따르면 개, 고양이, 토끼, 페럿(식육목 족제비과의 포유류), 기니피그(애완용 쥐로, 속칭 모르모트라고도 함), 햄스터 등 총 6종만을 반려동물로 인정하고 있어. 반려동물 가운데 가장 큰 비중을 차지하는 건 개와 고양이지만 여기서 언급된 동물 외에도 많은 종이 반려동물로 사람과 함께 살고 있지. 과세 범위를 어디까지 설정해야 하는지를 두고 많은 논란과 어려움이 따를 것으로 예상돼.

〈자료 2〉 반려동물 등록제

2014년부터 전국적으로 시행된 반려동물 등록제는 동물보호법에 따라 동물 보호와 유실, 유기 방지를 위해 도입됐다. 이에 따라 주택·준주택 또는 이외의 장소에서 반려의 목적으로 기르는 2개월령 이상의 개는 반드시 지방자치단체에 동물 등록을 해야 한다. 등록 신청이 완료되면 동물병원에서 내장형 마이크로칩 시술을 받거나, 외장형 무선 식별 장치를 부착해야 한다. 반려동물 등록제라는 이름이 붙었지만, 등록 대상을 반려견(개)으로 한정하고 있다. 2022년 2월부터 반려묘(고양이) 등록 시범 사업이 진행되고 있는데, 반려견 등록이 의무인 것과 달리 자율적인 참여로 이뤄진다.

YES!

찬성 2

반려동물이 유발하는 사회적 비용을 모든 국민이 부담하는 것은 불합리해. 반려동물로 인해 발생한 것인 만큼 반려인이 감당해야 해.

농림축산식품부의 반려동물 보호·복지 관련 예산은 2021년 52억 원, 2022년 110억 원, 2023년 119억 원으로 크게 늘었고 올해는 120억 원이 책정되었어. 각 지방자치단체의 동물 보호 센터 운영비도 2017년 약 155억 원에서 2021년 약 297억 원으로 증가했지. 해당 예산은 주로 유기 동물 보호 센터 운영 및 공공시설 분뇨 처리 등에 사용된다고 해. 반려동물이 유발하는 사회적 비용을 모든 국민이 내는 세금으로 부담하는 것은 불합리하다는 생각이 들어. 반려동물로 인한 사회적 비용은 마땅히 반려동물을 키우는 가구에서 부담해야 한다고 봐.

반려인들 사이에서는 보유세를 낸 뒤 그에 걸맞은 혜택을 누리고 싶다는 의견도 나와. 세금을 납부하면 관련 예산이 늘어날 테고, 이에 따라 반려동물에게 필요한 시설 설치 및 서비스 확대를 당당하게 요구할 수 있는 환경이 만들어질 거라는 얘기야.

갈수록 반려동물 양육 가구가 늘어나면서 반려동물 복지 증진을 요구하는 민원도 많아지고 있어. 특히 전체 반려동물 양육 가구의 절반 이상이 집중된 수도권 지자체에 관련 민원이 쇄도한다고 해. 하지만 지자체 입장에서는 반려동물 관련 민원을 적극적으로 수용하기 곤란한 상황이야. 특정 집단만을 위한 일에 예산을 사용하기 조심스러우니까. 우리나라보다 반려동물 문화가 잘 정착된 해외 일부 국가처럼 반려동물 보유세를 부과하면 이같은 문제 역시 자연스럽게 해결될 것으로 보여.

〈자료 3〉 해외 반려동물 관련 세금 현황

국가	연간 부담	비고
독일	약 15만 원(베를린시 기준)	견종·무게에 따라 차등
네덜란드	약 16만 원(헤이그시 기준)	전국 지자체 355곳 가운데 93곳에서 시행
미국	약 4만 원(뉴욕시 기준)	중성화 수술 시 약 1만 원으로 감세
싱가포르	약 6만 원	중성화 수술 시 약 1만 원으로 감세
영국	약 15만 원	1987년 폐지됐으나, 현재 유기견 수가 늘어 재도입 논의 중

반대 2

유기 동물을 줄이는 것이 목적이라면 동물 의료보험 제정과 같이 보다 실효성 높은 방안이 우선 도입돼야 해.

동물 의료 보험

　유기 동물 수를 줄이고 싶다면 반려동물 보유세 도입에 앞서 반려동물 의료보험 체계를 만드는 게 더 시급해. 〈자료 4〉를 한 번 확인해 줄래? 반려인을 대상으로 반려동물 양육 포기 또는 파양을 고려한 적이 있냐고 질문한 결과 약 22%가 그렇다고 답했어. 양육 포기 또는 파양을 고려한 이유 중에는 경제적 부담과 관련한 답변이 2, 4위를 차지했지. 실제로 반려동물이 질병에 걸리거나 사고를 당했을 때 병원비를 감당하기 어려워 파양·유기하는 경우가 꽤 있다고 해. 2019년 열린 '동물병원 의료 서비스 발전 방안 정책 토론회' 자료에 따르면 반려인의 92%가 동물병원 진료비에 부담을 느끼고 있는 것으로 나타나기도 했지.

한편 동물병원 진료비를 평준화하는 방안도 대안으로 생각해 볼 수 있어. 2020년 한국소비자연맹 조사에 의하면 반려동물 중성화 수술(동물의 생식 기능을 없애는 수술) 비용이 병원에 따라 수컷은 8~40만 원, 암컷은 15~70만 원까지 큰 차이가 있다고 해. 그 이유는 1999년 정부가 동물병원 자율 경쟁을 촉진하겠다는 이유로 동물 의료 수가(의료인이 비급여를 제외한 의료 행위 대가로 정부에서 받는 비용)를 폐지해 병원마다 진료비가 달리 책정되고 있기 때문이야. 각 진료 항목을 표준화시켜 동물 진료비를 평준화하고, 동물 의료보험을 제정하는 편이 보유세 도입보다 훨씬 실효성이 클 거야. 반려동물 유기를 예방하는 것이 과세의 주요 목적이라면 반려동물을 유기한 사람에 대한 처벌을 강화하는 방법도 있어.

〈자료 4〉 반려동물 양육 포기·파양과 관련한 설문 조사

출처: 농림축산식품부 「2022 동물 보호에 대한 국민 의식 조사」

토론 갈무리하기

　이번 시간에는 반려동물 보유세 도입을 주제로 토론해 봤어. 양측의 주요 의견을 살펴볼게.

　먼저 찬성 측은 반려동물 보유세가 도입되면 반려동물 파양·유기 사례가 줄어들 거라고 주장했어. 또 반려동물이 유발하는 사회적 비용을 모든 국민이 부담하는 것은 불합리하므로 반려동물 양육 가구에서 감당하는 것이 마땅하다고 말하기도 했지.

　이에 반대 측은 반려동물 등록제도 아직 정착되지 않은 상황에서 보유세 도입은 시기상조라고 주장했어. 또 여러 종류의 반려동물 가운데 어느 범위까지 과세할지 기준을 정하기가 모호하다고 지적하기도 했지. 유기 동물 수를 줄이려면 동물 의료보험을 제정하는 편이 훨씬 효과적이라는 의견도 있었어.

　반려동물을 기르는 인구가 계속 늘어 가는 상황에서, 반려동물 보유세 도입에 많은 이들의 이목이 쏠리고 있어. 정부가 검토 과정을 거쳐 어떤 결정을 내릴지 유심히 살펴보자.

가상 인간, 계속 발전해도 괜찮을까?

이번에는 '가상 인간, 계속 발전해도 괜찮을까?'를 주제로 토론해 보려고 해. 최근 여러 기업에서 가상 인간을 홍보 모델로 개발하거나 이미 출시된 가상 인간과 협업을 진행하면서 큰 화제를 모으고 있어. 2021년 한 광고에 등장해 실제 사람과 구분하기 어려울 정도의 표정과 동작 등을 선보이며 많은 이들의 이목을 집중시킨 '로지(Rozy)'가 대표적이지. 가상 인간은 인플루언서, 가수, 모델, 쇼 호스트 등 다양한 분야에서 큰 수익을 거둬들이고 있어.

이슈의 중심에 선 가상 인간은 미디어 활용성이 높고 관리가 쉬우며 사생활 논란이 없다는 점에서 긍정적인 평가를 받고 있어. 하지만 인간의 존엄성을 해치고 일자리를 빼앗을 수 있다는 지적도 나오지.

가상 인간은 최첨단 과학기술의 집약체야. 여기에는 대표적으로 '디지털 더블'이라는 컴퓨터 그래픽 기술이 활용돼. 디지털 더블은 실제 사람이 연기를 하면 그 위에 인공지능이 만든 가상의 얼굴을 입히는 방식이야. 수백 대의 3차원 카메라로 사람의 형태를 입체적이고 정교하게 분석해, 가상 인간이 사람처럼 표정을 짓고 움직일 수 있도록 하는 거지. 인공지능은 사람이 특정 표정을 짓거나 특정 단어를 말할 때, 각각의 얼굴 근육이 어떻게 움직이는지를 딥 러닝(deep learning, 컴퓨터가 마치 사람처럼 생각하고 배울 수 있도록 하는 기술)으로 분석해 가상 인간의 얼굴을 만든다고 해.

최근 '메타버스(metaverse)'라는 새로운 플랫폼이 성장하면서, 가상 인간 들 또한 이곳에서 활약하며 문화를 창조하고 있어. 메타버스란 가공·추상을 의미하는 '메타(meta)'와 현실 세계를 의미하는 '유니버스(universe)'의 합성어로, 현실과 가상의 경계가 모호해진 3차원 가상 세계를 의미해.

한편 이 같은 과학기술 및 가상 인간의 발전을 두고 인간이 설 자리를 빼앗길 수 있다는 지적도 나오고 있어. 고등학교『생활과 윤리』교과서에서는 기술 지배가 초래될 수 있다고 설명하고 있지. 기술 지배란 인간보다 과학기술이 중시되면서 인간이 과학기술에 지배당하는 현상을 뜻해.

잠깐!

토론 전에 생각해 보기

☐ 가상 인간이 현실 속 인간을 대체할 수 있을까?

☐ 가상 인간을 하나의 인격체로 여기고 법과 제도
　를 마련해야 할까?

☐ '가상 인간'에 대한 '나'의 생각은?

도움이 되는 자료들

가상 인간 열풍의
원인과 전망

국내 가상 인간의
현주소 고찰

YES!

찬성1

가상 인간은 관리가 쉽고, 각종 사건 사고와
사생활 논란으로부터 자유로워. 또 인간이
일하기 어려운 환경에서 대신 일할 수
있다는 장점도 있지.

여러 가상 인간 가운데 국
내에서 가장 유명한 사례로는
〈자료 1〉에 소개한 '로지'를 꼽
을 수 있어. 로지는 가상 인플
루언서로 활약하며 금융·호텔·자동차·패션 등 여러 광고에 출연해
2021년 한 해 동안 10억 원 이상의 수익을 올렸고, 2022년에는
가수 데뷔에 이어 '2030 부산 엑스포' 홍보대사로 위촉되기까지
했어. 로지 외에도 롯데홈쇼핑이 만든 가상 인간 모델 '루시', LG
전자가 만든 가상 인간 '김래아' 등이 화제를 모으고 있지. 외국에
서는 '릴 미켈라(Lil Miquela)'라는 가상 인플루언서가 세계적으로
큰 성공을 거뒀어. 2016년 미국에서 만들어진 그는 2020년 한 해

50

에만 130억 원의 수익을 냈으며, SNS에서 수백만 명의 팔로워를 거느리고 있지.

이처럼 기업들이 앞다퉈 가상 인간을 개발하고 모델로 사용하는 데는 이유가 있어. 가상 인간은 실제 연예인이나 모델과 달리 스캔들이나 이슈에 휘말릴 걱정이 없고, 기업이 원하는 방향대로 관리·활용이 용이해. 또한 브랜드 이미지에 적합한 맞춤형 인플루언서로 활약할 수 있어 기업 입장에서 큰 매력으로 다가오지.

가상 인간은 미디어 활용성이 높다는 것도 장점이야. 특히 코로나19로 인해 전과 달리 자유로운 활동이 어려워졌는데, 가상 인간은 미디어 환경에서 시간·장소에 관계없이 활약할 수 있어. 그런가 하면 재난 상황 등 사람이 일하기 어려운 환경에서 인간을 대신할 수 있다는 점에서 높은 활용성을 지녀. 따라서 앞으로 계속해서 관련 기술을 발전시켜 나가야 한다고 봐.

〈자료 1〉 가상 인간 '로지'

로지는 싸이더스 스튜디오 엑스가 개발한 가상 인간이다. 본명은 '오로지', 오직 단 한 사람이라는 의미를 지닌 한글 이름이다. 2020년 8월 19일 서울에서 태어났고, 영원히 변하지 않는 22세의 나이를 갖고 있다. 로지는 MZ 세대*가 가장 선호하는 외모를 분석해 3D 합성 기술로 탄생했다. MZ 세대를 대변하는 캐릭터인 만큼 친환경이나 윤리 소비 등에도 민감하다. 로지는 SNS를 통해 일상을 공유하고 있는데, 현재 15만 명이 넘는 팔로워를 보유하고 있다.

• MZ 세대: 1980년대 초반~2000년대 초반 태어난 밀레니얼 세대와 1990년대 중반~2000년대 초반에 태어난 Z세대를 함께 부르는 말.

NO!

반대 1

가상 인간은 사이버 범죄에 악용될 우려가 있어. 가상 인간 시장이 더 커지기 전에, 인공지능 윤리에 관한 명확한 규범부터 마련해야 해.

가상 인간은 사람의 얼굴과 목소리를 진짜처럼 만들어 내는 컴퓨터 그래픽 기술을 바탕으로 해. 그 기술 가운데 하나가 '딥페이크(deepfake)'야. 딥페이크란 특정 인물의 얼굴이나 신체 등을 인공지능 기술을 이용해 특정 영상에 합성한 편집물 또는 편집 기술을 말해. 그런데 이 같은 기술이 각종 범죄에 악용될 수 있다는 우려의 목소리가 높아. 가상 인물을 만들 때 실제 인물의 이미지를 허락 없이 사용하거나, 이를 악의적인 이미지와 영상을 만드는 데 활용할 가능성이 있다는 거지.

최근 일반인들 사이에서 리페이스, 페이스플레이 같은 딥페이크 어플리케이션이 인기를 끌고 있어. 이처럼 비전문가들이 이미지 합성 기술을 쉽게 이용할 수 있는 상황에서 가상 인간 시장이 계속해서 성장한다면 이와 관련한 각종 사이버 범죄 또한 늘어나게 될 거야.

이에 따라 가상 인간 시장이 더 커지기 전에 명확한 인공지능 윤리 규범이 마련돼야 한다는 주장이 나오고 있어. 〈자료 2〉의 사례처럼 가상 인간도 사회적·윤리적 논란에 휩싸일 수 있기 때문이야. 방송통신위원회에서는 "사업자와 이용자, 정부 등 지능 정보사회 구성원 모두가 AI 윤리의 중요성을 인지하고, 각자가 실천할 수 있는 방안을 모색해야 한다"고 지적하면서 이용자 교육, 사업자 컨설팅, 법체계 정비 등을 추진해 나간다는 방침을 세웠지. 이렇듯 가상 인간 시장을 키우기에 앞서 윤리적 문제 등 먼저 해결해야 할 과제들을 고려해 더욱 신중하게 섭근힐 필요가 있어.

〈자료 2〉 인공지능 챗봇 '이루다' 논란

2020년 스타트업 스캐터랩이 개발한 인공지능 챗봇 '이루다'가 출시된 지 약 한 달 만인 2021년 초 운영이 종료됐다. 페이스북 메신저 기반의 대화형 AI 챗봇 이루다는 20세 여성을 캐릭터로 설정됐으며, 친근한 말투로 인기를 끌었다. 그런데 성소수자, 여성, 장애인 등 특정 소수 집단에 대한 차별·혐오 발언을 해 논란에 휩싸였다. 여기에 더해 개발 과정에서 개인 정보를 무단으로 도용했다는 의혹도 불거졌다. 이루다는 실제 연인들이 주고받은 메신저 대화를 데이터로 삼아 인공지능 학습을 통해 대답하도록 설정됐는데, 타인의 대화를 데이터로 활용하는 과정에서 성차별과 혐오 표현까지 학습한 것으로 분석됐다.

YES!

찬성 2

가상 인간은 새로운 산업 분야를 창출하고 있어. 가상 인간 제작·유통 과정에서 새로운 일자리가 생겨나고, 콘텐츠 산업 또한 더욱 발전할 것으로 보여.

현재 활약 중인 가상 인간의 SNS에는 그들이 다양한 공간에서 사람들과 어울리며 생활하는 모습이 담긴 사진이나 동영상이 올라와 있어. 가상 인간이 메타버스를 통해 실제 사람, 장소와 공존하고 있는 거지. 〈자료 3〉을 보면 전 세계 메타버스 관련 시장이 폭발적으로 커질 거라는 사실을 예측할 수 있어. 이렇듯 가상 인간을 비롯한 메타버스 시장은 MZ 세대의 지지를 받으며 계속해서 성장해 나갈 것으로 보여. 이는 우리나라뿐만 아니라 전 세계적인 흐름이기도 해. 지금처럼 가상 인간이 활약하는 상황에서 문제점을 우려해 기술 발전에 제재를 가한다면, 우리나

라는 인공지능 및 가상 인간 시장에서 경쟁력을 잃게 될 거야.

가상 인간이 인간을 대신하면서 인간이 설 자리가 줄어들 거라고 우려하는 사람들도 있어. 그런데 나는 반대로 가상 인간을 제작하고 유통·관리하는 과정에서 새로운 시장이 개척되고, 더 많은 일자리가 생겨날 거라고 생각해. 가상 인간을 매개로 현실과 가상을 넘나드는 콘텐츠 산업 또한 발전해 나갈 거라고 봐.

가상 인간 발전에 따른 부작용으로 각종 범죄 발생 가능성이 있는 건 사실이지만, 이는 가상 인간 자체의 문제가 아니라 이를 악용하는 사람들의 잘못이라고 생각해. 가상 인간과 관련된 윤리적 문제는 정부 차원에서 인공지능 윤리 규정을 마련하고 교육을 강화하는 등의 노력으로 해결할 수 있을 거야.

〈자료 3〉 전 세계 메타버스 관련 시장 규모 성장 추이

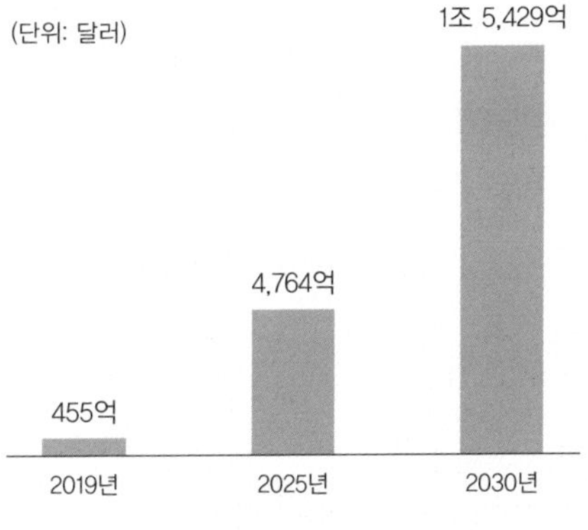

(단위: 달러)

1조 5,429억

4,764억

455억

| 2019년 | 2025년 | 2030년 |

출처: 글로벌 컨설팅 기업 PwC, SK증권

반대 2

가상 인간으로 인해 일자리를 빼앗기는 등 인간이 설 자리가 좁아질 거야. 완벽한 가상 인간과 자신을 비교하며 우울감에 빠지는 사람도 늘 수 있지.

현재 가상 인간은 기업의 마케팅 수단을 넘어 교육·언론 등 다양한 분야로 영역을 넓히고 있어. 이렇게 가상 인간의 존재감이 커져 감에 따라 미래에 인간은 가상 인간과의 경쟁을 피할 수 없게 될 거야. 가상 인간이 다양한 분야에서 인간의 역할을 대체하게 되면서 일자리를 빼앗길 가능성도 있지.

한편 가상 인간이 외모 지상주의와 성 상품화 현상을 심화시킬 거라는 의견도 나와. 가상 인간은 요즘 젊은 세대가 선호하는 외모·능력·성격 등을 갖춘 완벽한 모습을 지니고 있는데, 이를 보며 많은 이들이 우울감에 빠질 수 있어. 또한 가상 인간의 외모에는 개발 업체 또는 개발자가 이상적으로 생각하는 아름다움의 기준이 반영되어 있는데, 이것이 대중에게 영향을 미칠 수 있다는 점을 우려하는 사람도 많아. 가상 인간의 외적인 특징을 아름답고 이상적으로 여기게 돼 위화감을 조성하거나, 외모에 대한 선입견을 강화할 수 있다는 거지. 그런가 하면 〈자료 4〉에서 설명한 것처럼 '불쾌한 골짜기' 현상이 나타나면서 혼란을 겪는 사람 또한 늘어날지 몰라. 이 같은 혼란은 사회를 불안정하게 만드는 요인이 될 수 있지.

무엇보다 걱정되는 건 가상 인간이 인간보다 더 가치 있다는 생각이 만연하는 한편, 인간의 존엄성을 해치는 현상이 나타날 수도 있다는 점이야. 가상 인간 시장이 발전하는 것을 막을 수는 없겠지만, 이 같은 역효과가 나타나지 않도록 주의를 기울여야 해.

〈자료 4〉 불쾌한 골짜기 이론

'불쾌한 골짜기(uncanny valley)' 이론에 따르면 인간은 로봇 등 인간이 아닌 존재를 볼 때 그것이 사람의 모습과 점점 더 흡사해질수록 호감도가 증가하지만, 일정 수준에 도달하게 되면 오히려 불쾌감을 느낀다. 여기서 불쾌함은 살아 있는 것처럼 보이는 존재가 정말 살아 있는 게 맞는지, 아니면 살아 있지 않은 것처럼 보이는 존재가 사실 살아 있는 것은 아닌지에 대한 의심을 뜻한다. 그러나 그 수준을 넘어서 외모나 행동이 인간과 구별하기 어려울 정도가 되면 호감도는 다시 높아진다. 이렇게 급하강했다가 급상승하는 호감도 구간을 그래프로 그렸을 때 깊은 골짜기 모양을 나타낸다고 해서 불쾌한 골짜기라는 이름이 붙었다.

'가상 인간, 계속 발전해도 괜찮을까?'를 둘러싼 찬성과 반대 의견을 정리해 볼게. 찬성 측은 가상 인간이 부정적인 사건·사고에 휘말릴 걱정이 없다는 점에서 관리가 용이하고, 사람이 일하기 어려운 환경에서 인간을 대신할 수 있어 활용도가 높으므로 앞으로 관련 기술을 계속 발전시켜야 한다고 주장했어. 세계적으로 가상 인간 시장이 확대돼 가고 있는데 문제점을 우려해 기술 발전을 믹는다면, 인공지능 및 가상 인간 분야에서 경쟁력을 잃게 될 거라며 우려하기도 했지.

반대 측은 가상 인간의 발전과 함께 사이버 범죄 발생 가능성 또한 높아질 수 있다고 주장했어. 가상 인간의 존재감이 커지면서 인간이 일자리를 빼앗기고, 인간의 존엄성을 해치는 현상이 나타날 수도 있다고 했지. 실제 사람과 구분하기 어려울 정도로 정교하게 만들어진 가상 인간이 신기하면서도, 관련한 문제점들로 인해 사회가 혼란에 빠지지는 않을까 걱정되기도 해. 앞으로 가상 인간과 현명하게 공존할 수 있는 환경이 마련될 수 있도록 관심을 가지고 지켜보자.

2장

새로운 학교

: 더 자유롭고 건강한
학창 시절을 위해

등교 시간, 자율화해야 할까?

오늘은 '등교 시간 자율화'를 주제로 토론하려 해. 2022년 6월 1일 치러진 전국 동시 지방선거에서 당선된 임태희 경기도 교육감이 9시로 정해진 등교 시간을 자율화하겠다고 밝혔어. 이에 따라 경기도 학교들은 구성원 간의 협의를 바탕으로 등교 시간, 점심 시간, 하교 시간 등을 자율적으로 정할 수 있게 됐지. 등교 시간을 9시 이전으로 하든 10시 정도로 늦추든 학교 자율에 맡기겠다는 거야. 하지만 이는 사실상 '0교시', 즉 8시 등교 부활의 의미로 해석된다는 지적이 있어

경기도에 있는 대다수 학교는 2014년부터 9시 등교제를 시행

해 왔어. 이재정 전 경기도 교육감이 학생들에게 충분한 수면 시간과 아침 식사 시간을 보장해야 한다며 이 제도를 도입했거든.

등교 시간 자율화 찬성 측은 등교 시간이 앞당겨지는 것을 찬성하는 분위기야. 9시의 늦은 등교가 학생의 생체리듬을 깰 수 있으며, 맞벌이 가정을 고려하지 않은 획일적인 정책이라고 주장해. 반대 측은 청소년의 수면권·건강권 등을 고려할 때 9시 등교제를 유지해야 한다는 의견이지. 등교 시간이 달라지면 학생의 생활도 크게 변화할 것으로 예상하는데, 너희 생각은 어때?

9시 등교제는 학생의 행복, 행복추구권 등과 깊은 관련이 있어. 고등학교 『통합사회』 교과서에 소개된 내용을 바탕으로 함께 살펴보자. 우선 행복이란 생활에서 충분한 만족과 기쁨을 느껴 흐뭇한 상태를 말해. 행복의 기준은 개인이 처한 환경이나 시대 상황에 따라 제가끔 달라. 행복추구권이란 인간으로서 행복을 추구할 수 있는 권리야. 수면권·건강권 등 다양한 영역에 적용되며 헌법에서 보장하고 있지. 행복추구권의 하위 개념 가운데 하나인 수면권은 잠을 자면서 휴식을 취할 수 있는 권리를 뜻해. 건강권은 정신적으로나 육체적으로 아무 탈이 없고 튼튼할 권리야.

9시 등교제는 학생들이 충분히 잠을 자고 건강하게 생활하며 학습 집중력과 행복감을 높일 수 있도록 만든 제도인데, 이것을 자율화하게 된 배경은 무엇일지 생각하면서 토론해 보자.

잠깐!

토론 전에 생각해 보기

☐ 청소년의 적정 수면 시간은 어느 정도일까?

☐ 개별 학교마다 등교 시간이 다를 때 생기는 문제점이 있을까?

☐ '등교 시간 자율화'에 대한 '나'의 생각은?

도움이 되는 자료들

경기도 9시 등교제
자율화 논란

학생 수면 위해 등교
시간 늦추는 미국

찬성1

지역·학년·계절 등 학교의 사정과 판단에 따라 등교 시간을 자율적으로 결정할 수 있어야 해.

8시 30분 등교!

9시 등교!

〈자료 1〉을 보면 알 수 있듯, 2014년 이후 경기도의 대다수 학교가 9시 등교제를 시행하고 있어. 그런데 한 가지 의문이 들어. 모든 학교가 9시 등교제에 따라 등교 시간을 획일적으로 운영할 필요가 있을까? 각 학교의 상황에 맞게 지역, 학년, 계절 등을 고려해 등교 시간을 자율적으로 결정할 수 있어야 한다고 생각해. 예를 들어 여름철에는 등교 시간을 9시 이전으로, 겨울철에는 9시로 다르게 운영하거나 수능을 앞둔 고3은 9시 이전 등교를 허용하는 식으로 말이야.

한편 그동안 9시 등교제로 인해 맞벌이 가정의 부담이 컸다고 해. 초등학교 저학년 아이를 둔 부모의 경우, 등교 시간이 9시 이전이었을 때는 아이를 먼저 학교에 보낸 뒤 출근할 수 있었어. 하지만 9시로 변경된 뒤에는 출근 시간과 등교 시간이 겹쳐 사정이 달라졌지. 아이를 등교시킬 사람이 없어 등원 도우미를 구하거나 조부모의 도움을 받는 등 대안을 마련해야 했으니 말이야.

다소 먼 거리에 있는 학교에 다니는 학생의 경우, 9시 등교제가 시행됐음에도 집에서 나오는 시간은 비슷하다는 의견도 있어. 등교 시간과 출근 시간이 겹치면서 대중교통이 더 붐비고 차가 막혀 일찍 출발해야 한다는 거지.

등교 시간 자율화의 요점은 9시 등교제를 폐지하자는 것이 아니라 등교 시간을 융통성 있게 운영하자는 거야. 이번 기회에 학교와 학생이 의견을 모아 저마다 적합한 등교 시간을 자율적으로 결정할 수 있으면 좋겠어.

〈자료 1〉 경기도 내 9시 등교제 시행 현황

2021년 7월 기준 경기도 내 초등학교 1,388개교는 100% 9시 등교제를 시행했다. 중학교는 647개교 가운데 99.7%인 645개교, 고등학교는 485개교 가운데 94.2%인 457개교가 9시 등교제를 시행했다. 2022년 7월 임태희 교육감 취임 이후 '등교 시간 자율화'가 추진되었으나 일선 학교에서는 오랜 시간 9시 등교에 익숙해졌고 학생 만족도가 높아 9시 등교제를 유지하는 곳이 대다수인 것으로 알려졌다. 현재 경기도교육청 측은 등교 시간 변경 여부를 조사하는 것 자체가 등교 시간 자율화를 강제하는 것으로 비춰질 수 있어 등교 시간을 변경 여부를 파악하지 않는다는 입장이다.

반대 1

**청소년의 건강하고 행복한 삶을 위해
9시 등교제를 유지해야 해.**

9시 등교제가 시행된 뒤 많은 학생의 아침 모습이 달라졌어. 누군가는 등교 시간이 고작 30분 늦춰졌다고 해서 얼마나 큰 변화가 생기겠냐며 의문을 가질 수도 있겠지. 하지만 등교를 준비하는 시간에는 너무 바빠서 5분도 아주 소중하다는 걸 우리는 알잖아. 9시 등교제 덕분에 늘 부족하던 잠을 조금 더 잘 수 있고, 가족과 함께 아침을 먹을 시간이 생기기도 했어. 평소 바쁘게 뛰어가던 등굣길을 느긋하게 걸어갈 수도 있게 됐지. 이 같은 변화는 학생들이 건강하고 행복한 생활을 하는 데 큰 역할을 했어. 물론 모든 학생이 긍정적인 변화를 경험한 건 아

니겠지만, 충분히 의미 있다고 생각해.

〈자료 2〉를 보면 우리나라 학생들의 수면 부족 문제가 심각하다는 걸 알 수 있어. 국내 청소년의 평균 수면 시간은 7.2시간으로, OECD 평균보다 약 1시간이나 적지. 미국 국립수면재단에서 권장하는 수면 시간은 6~13세의 경우 9~11시간, 14~17세의 경우 8~10시간, 18~25세의 경우 7~9시간이야. 부족한 수면 시간은 학생들의 학업 능력뿐만 아니라 건강도 위협해. 잠이 모자라는 학생일수록 흡연, 음주, 스트레스에 쉽게 빠져든다는 연구 결과도 있지. 충분한 수면이 학업 성취도를 높이는 것은 물론 건강한 생활 습관을 형성하는 데도 큰 영향을 미친다는 걸 강조하고 싶어.

또 8년간 안정적으로 운영된 9시 등교제를 하루아침에 폐지한다면 교육 현장에 큰 혼란이 일어날 거야. 학교에서는 의견을 수렴하느라 시간과 노력을 들여야 하고, 그 결과 또한 책임져야 해 부담이 되겠지. 새 정책이 다시 자리 잡는 동안 피해를 받는 건 결국 학생들이야.

〈자료 2〉 청소년 평일 평균 수면 시간

청소년(초4~6, 중·고등학교)	7.2시간
초등학생	8.6시간
중학생	7.0시간
고등학생	5.9시간

출처: 여성가족부 「2023 청소년 통계」

찬성 2

9시 등교제가 시행된 뒤에도 학생의 수면 시간은 늘어나지 않았고, 오히려 아침 식사 결식률이 증가했어.

아침 안 먹고 등교?

X

X

안 먹어!

9시 등교제가 시행됐음에도 청소년들의 수면 시간은 늘어나지 않았고, 아침 식사 결식률은 오히려 증가했어. 〈자료 3〉을 보면 9시 등교제가 시행된 직후인 2015년에는 주관적 수면 충족률이 높아지고, 아침 식사 결식률이 다소 감소했어. 하지만 2016년 이후 주관적 수면 충족률은 다시 낮아지고, 아침 식사 결식률은 증가하는 현상이 나타나기 시작했지(2020년 주관적 수면 충족률이 일시적으로 오른 것은 코로나19로 인해 비대면 수업이 늘었기 때문으로 보여).

등교 시간을 늦춘다고 해서 학생의 수면 시간이 늘어나지는 않는다고 봐. 학생이 충분한 수면을 이루지 못하는 것은 학업량이 지나치게 많아서지 등교 시간이 빨라서가 아니야. 오히려 등교 시간이 늦춰지면 그만큼 하교 시간도 늦어져 학원 가는 시간이 뒤로 밀리고, 더 늦게 잠자리에 들게 될 거야. 또 등교 시간이 늦춰졌다고 해서 평소에 안 먹던 아침밥을 챙겨 먹는 학생들이 얼마나 되겠어?

9시 등교제가 학생들의 생체리듬을 방해한다는 의견도 있어. 등교 시간이 늦어진 만큼 기상 시간도 늦어지는 경우가 많아서야. 특히 고3의 경우 8시 40분에 수능이 시작하는 걸 고려하면 실효성이 떨어지는 제도라고 봐.

〈자료 3〉 청소년 주관적 수면 충족률 및 아침 식사 결식률

출처: 질병관리청 「청소년 건강 행태 조사 통계」(2022년)

반대 2

등교 시간 자율화로 인해 0교시가 되살아 날 수 있어. 단순히 학습 시간을 늘리는 것보다 학습 효율성을 높이는 것이 중요해.

9시 등교제가 폐지되면 각 학교가 등교 시간을 스스로 결정할 수 있게 돼. 이 경우 학교의 선택에 따라 2000년대 초반까지 존재하던 0교시가 다시 생겨날 수도 있어. 0교시는 중·고등학교에서 정규 수업 전에 이뤄지는 수업을 말해. 0교시뿐만 아니라 강제 아침 자습, 야간 자율 학습 등이 생겨날 가능성도 있지.

그간 9시 등교제가 시행된 데에는 학생들이 부족한 수면을 조금이라도 보충하도록, 아침 식사를 할 수 있도록 하자는 취지 외에 지나친 학습량을 줄이자는 목적도 있어. 일찍 등교시켜 정규 수업이 아닌 별도의 학습 시간을 확보할 것이 아니라, 교육의 중심에 학생들을 두고 공교육을 정상화하자는 거지. 아침 일찍 학교에 나와도 잠이 부족해서 졸거나 수업에 집중하지 못한다면 무슨 의미가 있겠어? 등교 시간을 당기고 미루는 문제로 논의할 게 아니라, 어떻게 하면 정규 수업의 효율성을 높일 수 있을지 연구하는 것이 더 중요하다고 생각해.

〈자료 4〉를 한번 확인해 줄래? 미국 일부 주(州)에서는 등교 시간을 늦추는 법안이 통과돼 2022년 8월부터 시행되고 있어. 다른 주들도 속속 이를 따르는 추세고 말이야. 다른 나라에서는 등교 시간을 늦추고자 법안을 마련하는데, 우리나라는 이미 자리 잡은 9시 등교제를 자율화란 이름으로 사실상 폐지하려 한다는 것이 안타까워.

〈자료 4〉 등교 시간 늦추는 법 통과시킨 미국

미국 캘리포니아주(州)에서 공립학교의 등교 시간을 늦추는 법이 시행되었다. 이는 지난 2019년 제정된 법안에 따른 것이다. 이에 따라 중학교는 오전 8시 이후, 고등학교는 오전 8시 30분 이후에 수업을 시작한다. 이 법은 잠이 부족한 청소년에게 더 많은 수면 시간을 보장해 학업 성취도를 증진하려는 취지로 마련됐다. 미국 전국교육통계센터 자료에 따르면 2017~2018학년도 기준 미 전역의 고교 평균 등교 시간은 오전 8시였지만 42%의 학교가 그 전에 수업을 시작했다. 오전 7시 30분 이전에 학업이 시작된 학교도 10%가량 됐다.

토론 갈무리하기

이번 토론에 나온 등교 시간 자율화 찬반 의견을 정리해 볼게.

찬성 측은 각 학교가 지역, 학년, 계절 등의 상황을 고려해 등교 시간을 자율적으로 결정할 수 있어야 한다고 했어. 또 등교 시간을 자율화하면 맞벌이 가정의 부담을 줄일 수 있을 거라고 내다봤지. 9시 등교제가 시행되는 동안 청소년의 수면 시간은 늘지 않았고 아침 식사 결식률이 오히려 증가했다고 지적하기도 했어.

반대 측은 9시 등교제 덕분에 학생들이 잠을 더 잘 수 있고, 가족과 함께 아침을 먹을 수 있게 됐다고 주장했어. 또 등교 시간이 자율화되면 0교시나 아침 자습 등이 부활할 수 있다고 우려했어. 그간 안정적으로 자리 잡아 온 9시 등교제를 폐지한다면 교육 현장에 큰 혼란이 발생할 수 있다고 지적하기도 했지.

등교 시간은 학생을 비롯해 가정과 사회에 큰 영향을 미치는 사항인 만큼 신중한 논의가 이뤄졌으면 좋겠어.

학교 채식 급식, 확대해야 할까?

학교에서 채식 급식을 경험해 본 적 있지? 2021년부터 전국 대부분의 교육청에서 초·중·고 전 학년을 대상으로 월 1~2회 채식 급식의 날을 지정해 운영 중이야. 서울시교육청의 경우 현재 월 2회 권장하는 '그린 급식의 날'을 월 3~4회로 점차 확대하겠다고 발표하기도 했어.

채식 급식을 둘러싼 사람들의 의견은 크게 엇갈려. 채식 급식을 긍정적으로 생각하는 측에서는 육식 위주의 식단을 개선해 학생들이 건강한 식습관을 형성하고, 기후변화 해결에도 기여할 수 있다는 점 등을 근거로 들어. 이에 반해 채식 급식이 확대되면 성장기 학생들이 필요한 영양분을 충분히 제공받지 못할 수 있다고 우려하는 목소리도 나오지.

채식이란 육류를 비롯한 동물성 식품 섭취를 피하고 채소, 과일, 해초 등 식물성 음식을 위주로 하는 식생활을 가리켜. 앞서 채식 급식을 긍정적으로 바라보는 근거로 기후변화에 관한 이야기가 언급됐는데, 대체 채식과 기후변화는 어떤 관계가 있는 걸까?

기후변화는 장기간에 걸쳐 기후가 평균 수준을 벗어나는 현상이야. 대기 중에 배출되는 온실가스는 기후변화에 영향을 주는 주요 원인으로 꼽히지. 현재 전 세계는 기후변화로 인한 홍수, 폭설, 가뭄, 극지방 해빙(얼음이 녹아 풀림) 등 각종 자연재해로 몸살을 앓고 있어. 이 밖에 생물 종 감소·생태계 먹이 사슬 붕괴 등을 불러오는 생태계 파괴, 식량 생산량을 감소시키는 사막화 현상, 해수면 상승으로 인한 환경 난민 증가 등 기후변화에 따른 문제는 셀 수 없이 많아. 기후변화가 인류의 생존에 큰 위기를 가져온다는 의미에서 최근에는 기후 위기라는 용어가 자주 쓰이곤 하지.

채식 인구가 늘면 기후변화 해결에 도움이 된다는 이유는 육식에 따른 온실가스 배출이 상당하기 때문이야. 사람들의 식탁에 올라갈 고기를 생산하기 위해 가축을 기르고 도축하는 등의 과정에서 막대한 온실가스가 나오고 있거든.

잠깐!

토론 전에 생각해 보기

☐ 채식을 계속했을 때 생기는 건강상의 문제는 없을
　까?

☐ 채식이 정말 환경에 도움이 될까?

☐ '채식 식단'에 대한 '나'의 생각은?

도움이 되는 자료들

탄소 배출 줄이는
채식 급식

채식에 대한 청소년들의
긍정적 인식

채식 급식이 확대되면 청소년들이 건강한 식습관을 형성하는 데 도움이 될 거야.

음식 문화가 발달하고 외식이 증가하면서 최근 사람들의 식습관에 빨간불이 켜지고 있어. 식생활에서 육류가 차지하는 비중이 지나치게 많고, 간편한 즉석식품을 찾는 일이 잦아졌기 때문이야. 이는 학생들의 건강에도 위협이 되고 있어. 특히 육식 위주의 식생활로 인해 아토피, 알레르기, 비만이 증가하는 등 학생들의 건강 문제를 우려하는 목소리가 커지는 상황이지.

채식 급식을 확대하면 어린이·청소년이 건강한 식습관을 형성하고 체중을 조절하는 데에도 긍정적인 영향을 미칠 거야. 일각에서는 채식 급식이 성장기 학생들에게 충분한 영양소를 제공하지 못할 거라고 우려를 표하는데, 이는 지나친 걱정이야. 〈자료 1〉과 같이 채식에는 여러 종류가 있어. 대다수 학교에서 제공하는 채식 급식은 해산물과 달걀, 유제품까지 먹는 페스코 형태로 운영되는 경우가 많아. 고기 외에 다른 식재료로 단백질을 비롯한 영양소를 채울 수 있으니 영양 면에서 문제 될 게 없어. 또 요즘은 식물성 단백질을 활용한 다양한 식품도 개발되고 있지. 게다가 매 끼니 채식하는 것이 아니니, 한 달에 몇 번 채식 급식을 먹는다고 해서 영양 불균형이 발생할 걱정은 하지 않아도 돼.

한편 건강·종교·신념 등 다양한 이유로 채식을 하고자 하는 학생의 선택권을 보장하는 차원에서도 채식 급식이 더욱 확대돼야 한다고 봐. 매월 한두 번 채식 급식의 날을 지정하는 것을 넘어 아예 급식실에 별도의 채식 코너를 운영해야 한다는 의견이지.

〈자료 1〉 채식의 유형

	과일	채소	유제품	달걀	해산물	조류
프루테리언	○	×	×	×	×	×
비건	○	○	×	×	×	×
락토	○	○	○	×	×	×
오보	○	○	×	○	×	×
락토오보	○	○	○	○	×	×
페스코	○	○	○	○	○	×
폴로	○	○	○	○	○	○
플렉시테리언	채식을 기본으로 하면서 상황에 따라 가끔 육식을 함					

NO!

반대1

성장기 학생들이 영양 불균형을 겪을까 걱정돼. 채식 급식을 확대해도 학생들이 얼마나 적극적으로 참여할지 미지수야.

채식 급식을 도입하는 취지는 좋지만, 이를 확대 적용 하는 건 신중하게 고려해야 해. 영양소를 골고루 섭취해야 할 성장기 학생들이 영양 불균형을 겪을 우려가 있거든. 채식 식단이 확대되면 육류로만 섭취할 수 있는 영양소들이 부족해져 성장에 지장을 줄 수도 있어. 두부·콩고기 등 대체 식품을 통해 부족한 영양소를 채운다고 하지만, 비타민 B12 같은 필수 영양소는 소·돼지·닭 등 동물성 식품을 통해서만 섭취할 수 있어. 칼슘·철분·아연 같은 영양소도 채식만으로는 충분히 섭취하기 어렵지.

고기 섭취를 줄이고 채식을 한다고 해서 무조건 건강에 좋기

만 한 것도 아니야. 건강에 해로운 영향을 미치는 식물성 식품도 있기 때문이야. 채식을 하면 열량만 높은 식물성 식품, 즉 흰쌀·밀가루·감자 같은 탄수화물을 자주 섭취하는 경향이 있어. 사람에 따라 그 부작용으로 혈당(사람의 혈액 속에 들어 있는 포도당) 조절이 안 돼 당뇨병 발생 위험이 높아지기도 해.

학생들의 참여가 얼마나 적극적으로 이뤄질지도 의문이야. 〈자료 2〉를 보면, 채식 급식 시행에 관한 설문 조사에서 반대 의사를 표시한 학생들의 이유를 확인할 수 있어. 실제로 학교 현장에서는 채식 급식이 나오는 날, 남은 음식물의 양이 평소보다 많다고 해. 급식을 먹지 않고 학교 내 매점이나 학교 밖 편의점에서 빵이나 인스턴트식품 등으로 끼니를 때우는 학생들이 많기 때문이지. 채식 급식을 확대하는 이유 중 하나가 학생들의 건강을 위해서인데, 이렇게 되면 정책을 시행하는 취지가 무색해질 거야

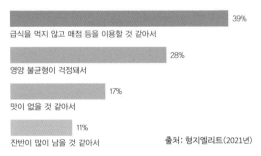

〈자료 2〉 '채식 급식의 날' 시행에 반대하는 이유

39% 급식을 먹지 않고 매점 등을 이용할 것 같아서

28% 영양 불균형이 걱정돼서

17% 맛이 없을 것 같아서

11% 잔반이 많이 남을 것 같아서

출처: 형지엘리트(2021년)

YES!

**채식 급식을 확대하면 육류 생산
과정에서 발생하는 온실가스를 줄이고,
기후변화를 막을 수 있어.**

채식 급식이 확대되면 과
도한 육류 소비, 육식으로
인한 온실가스를 줄이는 데
기여할 수 있어. 앞서 육류
생산 과정에서 온실가스가 대량으로 발생하며 이것이 기후변화
에 큰 영향을 미친다고 했던 이야기 기억하지? 유엔 식량농업기
구(FAO) 보고서에 따르면 축산업과 관련된 생산·소비 전 과정에
서 배출되는 온실가스가 지구 전체에서 한 해 동안 발생하는 온
실가스 배출량의 14.5%나 된다고 해. 가축이 내뿜는 방귀, 트림
등에서 다량의 메탄(대기 중 주요 온실가스 가운데 하나)이 나오는 데
다, 가축이 먹을 사료를 생산하기 위해 대규모로 작물을 재배하

는 과정에서도 온실가스가 배출되지. 이와 관련한 자세한 설명은 〈자료 3〉을 참고해 줘.

학교에서 경험하는 채식은 평상시 식습관을 되돌아보고 환경 문제를 고민해 보는 계기도 될 수 있어. 보다 다양한 채식 식단과 함께 환경 캠페인 등이 더해진다면 교육적 효과가 클 거야. 외국에서도 채식 급식을 확대하고 있어. 이탈리아는 세계 최초로 기후변화 교육을 의무화하고 채식 급식을 도입했어. 프랑스는 모든 공교육 기관에 주 1회 채식 급식을 의무화했지. 미국 뉴욕에서는 모든 공교육 기관에서 고기 없는 월요일을 시행하고 있어.

학생들에게 고기를 먹지 말고 채식만 하라고 강요하는 게 아니야. 일상에서 채식을 접하며 육류 소비를 조금이라도 줄여 보는 선택지를 제안하는 거지. 이런 경험을 통해 지속 가능한 지구를 위해서 한 발짝 더 나아갈 수 있지 않을까?

〈자료 3〉 육류 생산 과정에서 배출되는 온실가스

메탄은 되새김질(한번 삼킨 먹이를 다시 게워 내어 씹는 것)을 하는 소나 양의 방귀·트림에서 배출된다. 이에 에스토니아, 아일랜드, 덴마크 등에서는 메탄을 발생시키는 가축에 세금을 부과하고 있다. 뉴질랜드에서도 2025년 이 같은 제도를 도입할 예정이다. 육류 1kg을 생산할 때 배출되는 이산화탄소의 양은 자동차를 1km 운행했을 경우와 비슷하거나 많다고 한다. 소고기 1kg을 얻는 데 발생하는 온실가스는 3kg, 돼지고기나 닭고기는 0.1kg 정도로 알려져 있다.

반대 2

채식은 무조건 좋고 육식은 나쁘다는 식의
편견을 학생들에게 심어 주는 건 아닌지
고민해 봐야 해.

학생들은 학교에서 배우는
지식을 평생의 자산으로 삼을
가능성이 커 학교에서 채식 급
식을 확대하는 일이 자칫 채식
은 좋고 육식은 나쁘다는 식의 선입견을 심어 줄까 봐 걱정이야.
채소, 육류 등 다양한 종류의 음식을 조화롭게 섭취하는 것이 건
강하고 올바른 식습관이지, 채식만이 좋은 것인 양 오해하게 해
서는 안 돼. 실제로 채식이 무조건 건강에 이로운 건 아니라는 연
구 결과도 나와 있지. 관련 내용은 〈자료 4〉를 확인해 줘.

현재의 채식 급식이 선택이 아닌 의무라는 점도 우려가 돼. 채
식주의자에게 '채식을 할 권리'를 보장한다면, 그렇지 않은 사람

에게 '채식을 거부할 권리'도 보장해야 하는 것 아닐까?

채식 급식을 무리하게 확대하다가 급식의 질이 떨어지지는 않을까도 우려돼. 육류 없이 균형 잡힌 식단을 구성하고, 학생들의 입맛까지 고려한 조리법을 개발해야 하니 영양 교사의 부담이 늘어날 수밖에 없어. 학교 현장에서는 비용 문제 등을 이유로 채식 급식 확대에 따른 추가 지원이 따로 이뤄지지 않을 가능성이 크지. 마냥 정책적으로 채식 급식 확대를 내세우기 전에 현장에서 현실적으로 실현 가능한지 충분히 검토하고, 급식 관련 종사자들의 노동 환경도 세심히 고려해야 해.

식습관은 한 달에 몇 번 접하는 식단으로 쉽게 바뀌지 않아. 보여 주기 식으로 채식 급식의 날을 운영하기보다는, 차라리 매일 먹는 급식을 개선해 학생들이 늘 신선하고 질 높은 채소를 먹을 수 있도록 하는 게 더 현실적이지 않을까?

〈자료 4〉 채식이 잡식보다 건강에 더 유익할까?

2019년 영국 옥스퍼드대학교 연구 팀이 18년에 걸쳐 약 4만 8,000명을 대상으로 식단과 질병 발생에 관해 연구한 결과를 발표했다. 이에 따르면 고기를 먹는 사람에 비해 육식을 피하고 생선은 먹는 사람의 심장병 위험이 13% 낮았고, 채식하는 사람의 경우 22% 낮았다. 하지만 채식하는 사람은 육식하는 사람보다 뇌졸중 발생 위험이 20% 더 높게 나타났다. 연구진은 고기를 통해서만 섭취할 수 있는 비타민 B12나 비타민 D 같은 일부 영양소의 부족이 뇌졸중에 영향을 미친 게 아닌지 추측했다.

토론 갈무리하기

급식에 어떤 메뉴가 나올까 늘 관심이 많은 만큼, 우리와 가까운 주제라 그런지 어느 때보다 더 흥미진진한 토론이었어. 이번 시간에 이야기한 찬반 의견을 정리해 볼게.

찬성 측은 채식 급식이 확대되면 학생들이 건강한 식습관을 형성하는 데 도움이 될 거라고 이야기했어. 또 채식이 더 많이 이뤄지면 육류 생산에 따른 온실가스 발생량을 줄여, 기후변화에도 긍정적인 영향을 미칠 거라고 했지.

반대 측은 채식 급식 확대로 인해 성장기 학생들이 자칫 영양 불균형을 겪을지 모른다고 우려했어. 또 아무리 채식 급식을 제공해도 학생들이 적극적으로 참여하지 않으면 학교 밖에서 불량식품을 더 자주 사 먹는 등 부작용이 발생할 수 있다고 했어.

이번 토론을 통해 음식이 우리의 건강뿐만 아니라 지구 환경에도 큰 영향을 미친다는 걸 알게 됐어. 인간과 지구 모두를 위한 방법은 무엇인지 함께 고민해 보자.

야간 자율 학습, 의무 시행 해야 할까?

2023년 3월 강원도교육청에서 스스로 공부하는 학교 문화를 만든다는 목적 아래 야간 자율 학습에 참여할 학교를 모집했어. 광주광역시교육청 역시 그동안 시행해 왔던 강제 학습 금지를 담은 지침을 폐지해, 사실상 0교시와 야간 자율 학습이 가능하게 되었지. 이를 계기로 강원도와 광주 일부 고등학교에서 새 학기 시작과 동시에 야간 자율 학습을 시행해 논란이 됐어. 다른 지역에서도 자체 방침에 따라 야간 자율 학습을 시행하는 학교가 많다고 해.

야간 자율 학습 시행을 찬성하는 측은 코로나19 이후 심각해진 학력 격차·학습 결손 문제를 해결하고, 사교육비를 절감하기 위해 학교 내 보충 학습이 필요하다고 주장해. 반대하는 측은 야간 자율 학습이 사실상 강제적으로 이뤄지는 사례가 많아 학생의 인권이 침해될 수 있다고 우려를 표하지.

야간 자율 학습이란 고등학교에서 정규 수업이 끝난 뒤, 교실이나 별도의 장소에서 스스로 공부하는 제도를 말해. 야간 자율 학습은 1981년 처음 시작됐어. 그 당시 정부가 과외와 보충 수업을 전면 금지하자, 학교에서 학생들의 학업 성취도를 올리기 위해 0교시 수업과 야간 자율 학습을 도입한 거야. 이렇게 시작된 야간 자율 학습은 수십 년 동안 이어져 왔어. 하지만 학생 인권에 관심이 높아지면서 사실상 강제성을 띠는 야간 자율 학습을 비판하는 목소리가 일기 시작했어. 그러나 2017년 경기도교육청에서 처음으로 야간 자율 학습을 사실상 폐지하겠다고 선포하면서 전국적으로 야간 자율 학습 금지 바람이 불었지.

이번 토론의 쟁점 가운데 하나는 '야간 자율 학습이 학생 인권과 학습권을 침해하는가?'야. 인권은 인간으로서 당연히 누려야 할 기본적인 권리를 말해. 인권의 밑바탕에는 인간의 존엄성이라는 기본 가치가 깔려 있지. 학습권이란 누구나 자유로운 성장과 자아의 실현을 위해 필요한 학습을 추구할 권리야. 국가권력이나 타인으로부터 학습의 권리를 방해받지 않을 권리이기도 하지. 이 쟁점을 염두에 두고 토론을 시작해 볼까?

잠깐!

토론 전에 생각해 보기

☐ 야간 자율 학습이 성적 위주, 입시 위주의 분위기를 부추기진 않을까?

☐ 학생들의 자율 의사에 반하는 제도가 효과를 거둘 수 있을까?

☐ '야간 자율 학습'에 대한 '나'의 생각은?

도움이 되는 자료들

강제 조기 등교 및
야자 반대 움직임

부활한 야간 자율 학습
갑론을박

YES!

찬성1

야간 자율 학습을 의무 시행하면
학력 격차와 학습 결손 문제를 해소하고
학업 효율성도 높일 수 있어.

최근 학생들의 기초 학력이 점점 떨어지는 것을 우려하는 사람들이 많아. 기초 학력이 떨어진 가장 큰 이유는 코로나19 장기화로 대면 수업이 줄고 온라인 수업이 늘면서 학생들이 수업에 제대로 참여하지 못했기 때문이야. 이 기간 사교육을 통해 학습 공백을 메우고 선행 학습까지 한 학생도 있지만, 공부에 손을 놓은 학생들도 많아. 강원도의 경우 도내 학생들이 대학 수시 모집 전형에서 수능 최저 등급을 충족하지 못해 불합격한다는 지적이 계속 제기됐는데, 이것이 야간 자율 학습 시행의 주요 배경이 된 것으로 보여.

야간 자율 학습은 학생들에게 공부할 시간과 장소를 마련해 줌으로써 학습량을 늘리고, 공부 습관을 기르는 데 도움을 줄 수 있다는 점에서 긍정적이야. 학생들은 학교에서 시간을 효율적으로 활용할 수 있고, 친구들과 함께 공부하면 혼자 공부할 때보다 학습 의지도 더 커질 거야. 학생들을 오래 지켜본 선생님들의 의견도 비슷해. 오후 열 시까지 야간 자율 학습을 시행 중인 경기도의 한 고등학교 교장은 "학생들 스스로 성취 수준이 올라가는 것을 깨닫고 난 뒤 시키지 않아도 열심히 공부한다."라며 현장의 목소리를 전하기도 했지.

학생들의 반응도 긍정적이야. 관련 내용은 〈자료 1〉을 확인해 줘. 야간 자율 학습은 학생들의 학력 격차, 학습 결손을 해소하는 데 긍정적인 역할을 할 것으로 보여. 학생들이 학교에 남아 공부할 수 있도록 돕고, 공부할 수 있는 여건을 제공할 필요가 있어.

〈자료 1〉 야간 자율 학습 학생 참여 사례

2023년 3월 강원도 춘천의 한 고등학교에서 야간 자율 학습을 시행했다. 전교생 700여 명 가운데 참여 의사를 밝힌 학생은 약 330명이었다. 강원도 원주의 한 고등학교 역시 지난해 3월부터 오후 열 시까지 야간 자율 학습을 시행했고, 140여 명이 참가를 희망했다. 학교 측은 학교 차원에서 학생들의 면학 분위기를 끌고 나갈 필요성을 느껴 야간 자율 학습을 재개하게 됐다고 밝히며, 앞으로 야간 자율 학습 참여를 신청하는 학생들이 점차 늘어날 것으로 기대한다고 덧붙였다.
한편 광주시교육청의 실태 조사 결과, 2023년 5월 기준 일반고 49개교 학생 3만 4,122명 중 야간 자율 학습에 참여 중인 학생은 1만 8,770명, 55%인 것으로 확인됐다.

NO!

반대1

공부 시간이 늘어난다고 학습 효율성이 높아지는 것은 아니야. 사실상 자율로 포장된 강제 학습이 될 가능성이 커.

단순히 책상 앞에 앉아 있는 시간이 길다고 해서 학습 효율성이 올라가는 건 아니야. 늦은 시간까지 학교에 남아 공부한다고 반드시 성적이 오르는 게 아니라는 얘기지. 야간 자율 학습은 공부하는 사람의 의지와 목표 의식에 따라 효율적인 공부 시간이 될 수도, 시간 낭비가 될 수도 있어. 그러므로 모든 학생이 의무적으로 야간 자율 학습에 참여하도록 하는 건 옳지 않아.

사람은 저마다 다른 개성과 특성이 있어. 당연히 공부하는 방식도 각기 다르지. 학교에 남아 자습하는 게 효율적인 학생들도 있겠지만, 집·독서실·학원 등에서 공부하는 게 더 잘 맞는 학생들도 있어. 학생들에게 저마다 원하는 장소에서 공부할 수 있는 선택권을 줘야 해.

앞서 찬성 측에서 야간 자율 학습이 시행되면 학생들의 학습 결손이나 학력 격차를 해소할 수 있을 거라고 했는데 내 생각은 반대야. 야간 자율 학습은 근본적인 대안이 될 수 없어. 학생들의 학력 신장을 위해서는 기초 학력 교육을 강화해야지, 보충 학습만 늘려서는 별 도움이 되지 않을 거야. 야간 자율 학습은 그 이름처럼 자율적으로 이뤄져야 해. 학교 측에서는 희망하는 학생만 야간 자율 학습을 하게 한다며 학생 의사에 따른 자율적인 참여를 주장하지만, 현실은 그렇지 않은 경우가 많아. 〈자료 2〉 속 사례처럼 말이야. 자율 학습이라는 이름 그대로, 이를 원하는 학생들만 자율적으로 참여하게 하는 게 옳다고 봐.

〈자료 2〉 야간 자율 학습, 학생에게 선택권이 있을까?

광주의 한 고등학교에서 신입생 중 일부가 야간 자율 학습 불참 의사를 밝히자, 담임 교사가 오랜 시간 학생을 설득한 것으로 확인됐다. 학생이 뜻을 굽히지 않자 학부모에게 연락해 불참자가 있으면 학급의 면학 분위기를 해칠 수 있다며 자녀 설득을 요청한 것으로 전해졌다. 해당 고등학교는 앞서 온라인상으로 학생들에게 야간 자율 학습 동의서를 일괄적으로 받은 바 있다. 대전의 한 고등학교에서는 올해부터 전교생 모두 야간 자율 학습에 참여하라는 공지가 나온 뒤 학생과 학부모들의 불만이 속출하는 등 민원이 쇄도하기도 했다.

YES!

찬성 2

야간 자율 학습을 의무적으로 시행하면
사교육비 부담과 교육 양극화를 해소하는 데
도움이 될 거야.

　현재 상당수의 학생이 하교 후 학원이나 과외 같은 사교육의 도움을 받고 있어. 우리나라의 사교육 열풍은 세계적으로 손꼽히는 수준이야. 〈자료 3〉을 봐 줄래? 자료를 보면 2022년 한 해 동안 약 26조 원이 사교육비로 쓰였다는 사실을 알 수 있어. 같은 조사 결과, 학생 1인당 월평균 사교육비는 41만 원, 사교육 참여율은 78.3%로 나타났지.

　지난 2017년 경기도에서 야간 자율 학습을 금지했을 때 해당 지역 학원의 평일 내신·수능반 신규 수강생이 대폭 늘어난 바 있어. 야간 자율 학습을 의무적으로 시행하면 학생들이 학원에 갈

시간이 줄어드니 자연스럽게 사교육 의존도가 낮아질 수밖에 없어. 그럼 자연스레 학부모의 경제적 부담도 줄어들 거야. 또 야간 자율 학습에 참여하면 학원뿐만 아니라 독서실이나 스터디 카페 같은 별도의 학습 공간에 갈 필요도 없어지니, 비용이나 이동 시간에 따른 부담도 줄일 수 있어.

　야간 자율 학습 의무화는 사교육 양극화를 완화하는 데도 큰 도움이 될 거야. 서울을 비롯한 도시의 경우 학원·독서실·스터디 카페 같은 교육 관련 인프라가 잘 마련되어 있지만, 지방 특히 농어촌의 경우 환경이 여의치 않아 사실상 학생들이 공부할 수 있는 공간은 학교뿐인 경우가 많아. 사교육의 도움을 받기 어려운 지역에 사는 학생들에게는 야간 자율 학습 의무 시행이 오히려 반가운 소식일 수 있어.

〈자료 3〉 2022년 국내 사교육 관련 현황

사교육비 총액

26조 원

[+10.8%]

23.4조 원

2021년　　2022년

초등학교　　중학교　　고등학교

11.9조 원 [+13.1%]　　7.1조 원 [+11.6%]　　7조 원 [+6.5%]

출처: 통계청(2023년)

반대 2

학생의 건강에 부정적인 영향을 미칠 수 있어. 학생들을 관리·감독해야 하는 교사의 업무 가중도 우려돼.

오랜 시간 야간 자율 학습이 시행돼 왔지만 학생들에게 긍정적인 영향을 미쳤는지 의문이야. 잘못된 관행을 답습하기보다는 학생들이 주체적으로 학습 시간을 설정할 수 있도록 결정권을 줘야 해.

요즘 직장인들에게 중요하게 여겨지는 가치가 워라밸('work-life balance'의 준말로, 일과 삶의 균형)이라지? 학생의 본분이 공부라는 건 모두가 아는 사실이지만, 지나치게 공부에만 매달리다 보면 건강을 해칠 수 있어. 직장인에게 워라밸이 중요한 것처럼 학생에게도 적절한 휴식과 여유가 필요해. 아침 일찍부터 밤늦게까지 학교에서 온종일 공부만 해야 한다고 생각해 봐. 잘 자고 잘

쉬어야 학습 능률도 오를 텐데, 휴식 시간이 절대적으로 부족하다 보니 오히려 역효과가 나지 않을까 걱정이야. 학생의 건강권을 지키기 위해서라도 야간 자율 학습을 의무 시행해서는 안 돼.

야간 자율 학습을 관리·감독해야 하는 교사들의 업무 과중도 우려돼. 교대로 감독한다고 해도, 늦은 시간까지 연장 근무를 해야 한다는 건 큰 부담이야. 밤늦게까지 일하다 보면 수업 준비에 집중할 시간이 줄어들어 수업의 질이 떨어질 가능성도 있지.

앞서 야간 자율 학습이 의무 시행되면 사교육비 부담이 줄어들 거라는 의견이 나왔는데, 현실적으로 동의하기 어려워. 〈자료 4〉와 같이 지금도 성행하는 심야 사교육이 더욱 활개 칠 가능성이 커. 학원에 가려는 학생들은 야간 자율 학습이 끝나고 난 후에도 마음만 먹으면 충분히 갈 수 있어. 오히려 늦은 시간까지 학원에 다니는 학생들이 많아져 피로만 가중될 거야.

〈자료 4〉 학원 심야 교습 현황

서울 지역 학원과 교습소는 오후 10시까지 운영해야 하며, 적발될 경우 위반 시간에 따라 벌점을 받는다. 하지만 사교육 기관에서 불법으로 심야 교습을 하다 적발되는 사례가 늘고 있다. 서울시교육청 자료에 따르면, 2022년 서울 지역 교과 보습 학원의 심야 교습 적발 건수는 총 145건으로 나타났다. 심야 교습 적발 건수는 2019년까지 100여 건 이상 유지되다가 코로나19 유행으로 거리 두기가 강화되자 2020년 49건, 2021년 41건으로 줄어들었다. 그러다 거리 두기 해제 후 일상이 회복되면서 심야 교습도 증가하고 있는 것으로 보인다.

이번 토론에서도 찬반 의견이 서로 뜨겁게 갈렸어. 각각 어떤 의견이 나왔는지 정리해 볼게.

우선 찬성 측은 야간 자율 학습을 통해 학생들이 학습량을 늘리고 공부 습관을 들일 수 있어 학업 성취도 향상에 도움이 될 거라고 주장했어. 또 야간 자율 학습을 의무 시행 하면 사교육 부담과 교육 양극화 또한 자연스럽게 해소될 거라고 기대했지.

반대 측은 학생들을 학교에 오래 붙잡아 둔다고 성적이 향상되는 건 아니기에, 야간 자율 학습이 학력 신장의 근본적인 대안이 될 수 없다고 주장했어. 또 학교에서 공부하는 시간이 지나치게 많아져 학생들의 건강을 해칠 수 있고, 야간 자율 학습 시간 동안 학생을 관리·감독할 교사의 업무 과중도 우려된다고 덧붙였지.

학생의 본분은 공부지만, 공부가 삶의 전부는 아니야. 학생들이 저마다 자신의 방식과 개성에 맞게 공부하고, 휴식하며, 진로에 관한 고민도 자유롭게 할 수 있는 환경이 조성되었으면 하는 바람이야.

학생인권조례, 폐지해야 할까?

2023년 7월, 한 초등학교 교사가 학교에서 스스로 목숨을 끊은 사건이 발생했어. 해당 교사가 생전 학부모의 악성 민원으로 힘들어했다는 사실이 밝혀지며 교권(교사로서 지니는 권위와 권리) 추락이 우리 사회의 주요 쟁점으로 떠올랐지.

이 과정에서 학생인권조례가 교권 추락의 원인으로 지목됐어. 학생의 권리만 지나치게 보장해 문제라는 여론이 형성된 거야. 이에 충청남도 의회는 2023년 12월 전국 최초로 '충남 학생인권조례 폐지 조례안'을 통과시켰다가 충남교육청이 재의를 요구해 부결 처리하는 등 혼란이 일었어. 그 밖에도 2024년 4월, 서울시의

회도 학생인권조례 폐지안을 통과시켰지.

학생인권조례 폐지에 찬성하는 측은 이 조례의 악용 사례가 많다며 교권 회복 및 다수 학생의 학습권을 보장하기 위해 폐지해야 한다고 주장해. 반대 측은 이를 폐지하면 과거 학생들이 비인격적인 대우를 받던 때로 돌아갈 수 있다며, 학생인권조례를 유지하되 교권을 강화하는 내용을 담아 개정하자고 주장하지.

학생인권조례는 학생의 인권이 보장될 수 있도록 각 교육청에서 만든 조례야. 체벌받지 않을 권리, 폭력과 위험으로부터 벗어날 권리, 사생활과 개인 정보를 보호받을 권리, 차별받지 않을 권리, 휴식할 권리 등의 내용이 담겼지. 이 조례는 2010년 10월 경기도에서 처음 만들어졌어. 체벌과 과도한 규제로부터 학생의 인권을 보호할 방안이 필요하다는 의견이 오래전부터 있었는데, 2010년 7월 서울의 한 초등학교 교사가 학생을 폭행하는 영상이 공개되면서 학생인권조례 제정이 급물살을 탔지.

학생인권조례의 핵심은 '학생의 인권 보장'이야. 인권은 인간으로서 누려야 할 기본적인 권리를 뜻해. 모든 사람이 차별 없이 누리는 보편적인 권리(보편성)이며, 누구나 태어나면서부터 가지는 권리(천부성)지. 누구도 함부로 침범할 수 없는 권리(불가침성)인 동시에 영구히 보장되는 권리(항구성)이기도 해. 즉, 학생인권조례는 위계질서와 규율이 존재하는 학교라는 특수한 공간에서 학생이 인권을 침해당하지 않도록 보호하는 법인 거야.

잠깐!

토론 전에 생각해 보기

☐ 학생 인권과 교권은 상충되는 개념일까?

☐ 교권 보호를 요구하는 목소리가 커진 이유는 무엇일까?

☐ '학생인권조례 폐지'에 대한 '나'의 생각은?

도움이 되는 자료들

존폐 위기에 놓인
학생인권조례

교육부 교권 보호 대책
실효성 논란

찬성1

오늘날 걱정해야 할 것은 학생의 인권보다 교사의 교권이야. 학생인권조례를 폐지해 더 이상 교권이 추락하지 않도록 막아야 해.

학생인권조례가 만들어진 배경과 취지에는 공감해. 지금은 상상하기 어렵지만 과거 학생들은 지나친 체벌이나 규제에 시달리고 인격 모독을 당하곤 했으니까 말이야. 하지만 학생인권조례가 탄생했을 당시와 오늘날은 상황이 많이 달라. 이제는 학생의 인권 침해보다 교사의 권리 침해 문제를 걱정해야 하는 상황이 되었지. 실제로 시간이 흐를수록 교권 침해 심의(심사하고 토의함) 건수는 늘고 있어. 자세한 내용은 〈자료 1〉을 참고해 줘.

현 교권 침해 문제의 주요 원인으로 꼽히는 것이 바로 학생인권조례 및 아동 학대 신고의 악용이야. 학생들이 수업 시간에 대놓고 엎드려 자거나 휴대전화를 이용하는 등 불성실한 태도로 수업에 임해 교사로서 제재를 가해야 하는 일이 발생해도 학생인권조례에 발목을 잡히는 경우가 많거든. 수업 시간에 자는 건 휴식권에 따른 행위며, 휴대전화 사용 여부는 개인의 사생활 문제라는 식이지. 이런 상황에서 교사가 할 수 있는 일은 별로 없어. 문제 학생을 교실 밖으로 내보내거나 언성을 높여 지도하면 학생인권조례를 들먹이며 학습권과 인권을 침해당했다고 항의를 받거든. 심한 경우 학생 및 학부모로부터 고소를 당하기까지 해.

학교 내에서 학생의 인권만큼 중요시돼야 하는 가치가 있다면 교사의 교육 및 생활지도 권한일 거야. 이를 보장하기 위해서는 학생인권조례를 폐지해 교사와 학생의 권리 간 균형을 맞추어야 해.

〈자료 1〉 교권 침해 심의 건수 현황

교육부에 따르면 2022년 교권 침해 심의 건수가 전국적으로 3,000건을 넘어선 것으로 집계됐다. 2018년 2,454건이었던 심의 건수는 2019년 2,662건으로 증가했다. 2020년 코로나19 팬데믹 여파로 비대면 수업이 전면 시행되면서 1,197건으로 감소했다. 하지만 대면 수업이 확대된 2021년에 2,269건으로 반등했으며, 2022년에는 3,035건을 기록했다.

반대 1

교권 침해는 학생인권조례 폐지가 아닌 새로운 조례와 법 제정을 통해 해결해야 해.

오늘날 교권 침해가 심각한 사회 문제인 건 맞아. 하지만 교사의 권리를 회복하기 위해 학생인권조례를 폐지해야 한다는 주장은 앞뒤가 맞지 않아 보여. 교사의 권리와 학생의 인권은 서로 대립하는 개념이 아니라 별개의 가치거든. 〈자료 2〉를 보면 학생인권조례가 마련된 지역에서의 교육 활동 침해 건수와 그렇지 않은 지역에서의 교육 활동 침해 건수가 크게 차이 나지 않음을 알 수 있어. 이는 학생인권조례가 교사의 교육권 행사에 큰 영향을 미치지 않음을 의미해.

한편 학생 인권이 잘 보장될수록 교사의 권위와 교육 활동에 대한 존중감이 높아진다는 연구 결과도 있어. 인권 교육을 연구한 한 논문에 따르면, 광주 지역의 초·중·고 학생 약 1,500명 가운데 스스로 평가하기에 학교에서 인권이 잘 보장된다고 인식한 집단이 그렇지 않은 집단에 비해 교사의 권위와 교육권을 더 존중하는 것으로 나타났지.

이를 고려할 때 교권 침해 문제는 학생인권조례 폐지가 아니라 교권을 보호하는 새로운 조례와 법을 제정하는 방식으로 해결해야 해. 현재 발생하는 교권 침해의 근본적인 원인은 학생의 이상 행동 및 학부모의 민원을 교사가 전적으로 책임져야 하는 제도상의 문제라는 분석이 많아. 학부모의 민원을 처리하는 전담 기관을 설치하거나, 교사의 역할과 권한을 명확히 규정하는 교권 조례를 제정한다면 교권 회복에 도움 될 것으로 보여.

〈자료 2〉 교사 100명당 교육 활동 침해 건수

	2017년	2018년	2019년	2020년	2021년	평균
학생인권조례가 존재하는 시·도	0.59건	0.53건	0.61건	0.27건	0.51건	0.5건
학생인권조례가 존재하지 않는 시·도	0.61건	0.6건	0.62건	0.29건	0.54건	0.54건

출처: 정의당 정책 위원회(2023년)

찬성 2

학생인권조례 폐지가 학생 인권 침해를
의미하지는 않아. 권리가 남용되는 상황을
막는 조치일 뿐이지.

학생인권조례가 폐지되면 곧
학생 인권이 침해되는 상황으로
이어질 거라는 우려가 있어. 하
지만 학생인권조례를 폐지한다
고 해서 학생 인권을 보장하지 않는 것은 아니야. 특히 학생 인권
에 관한 사회적 인식이 높아진 오늘날에는 조례가 사라져도 학생
인권이 불합리하게 침해당하는 일은 거의 없을 것으로 보여.

한편 현 학생인권조례는 교권을 침해하는 건 물론 학생들의
권리를 침해하는 수단으로 쓰이기도 해. 학생인권조례로 인해 수
업 분위기를 흐리는 학생을 훈육하거나 제재할 수 없는데, 이 때
문에 다수 학생의 학습권이 침해당하곤 하지. 한국교원단체총연

합회가 2022년 전국 유치원 및 초·중·고 교원 9,000여 명을 대상으로 실시한 설문 조사에 따르면 학생의 문제 행동 유형은 소음 발생(26.8%), 욕설(22.8%), 교실 무단이탈(12.7%) 순으로 많았다고 해. 모두 수업을 방해하는 행위지.

학생인권조례를 폐지하는 대신 수정 및 보완하자는 의견도 있지만, 결국 지금과 비슷한 수순을 밟을 거라고 생각해. 사실 학생 인권조례는 제정된 순간부터 학생의 책임과 의무는 명시하지 않은 채 지나치게 학생의 권리 보호에만 치중한다는 지적을 받아왔거든. 차라리 이번 기회에 학생의 책임과 권리가 균형 있게 명시된 새로운 조례나 법 조항을 마련하면 어떨까? 〈자료 3〉에 소개한 외국의 학생 권리 장전을 참고해 볼 만해.

〈자료 3〉 미국 뉴욕시의 학생권리장전

미국 뉴욕시에는 우리나라의 학생인권조례와 유사한 학생권리장전이 존재한다. 이 장전은 학생의 인권 보호, 건전한 사회 구성원으로서 학생이 지켜야 할 책임을 동시에 명시하고 있다.

권리와 관련해서는 교육받을 권리, 적정한 절차에 대한 권리, 표현의 자유 등을 보장한다고 밝히고 있다. 책임에 관해서는 각 학생의 책임 있는 행동이 전제돼야만 권리를 누릴 수 있으며, 책임을 어길 시 학교별 훈육 규정에 따른 조치가 이루어진다고 명시돼 있다. 또 교사·교직원·학생 등 학교 내 모든 사람의 존엄과 평등권을 존중하고, 다른 학생들의 학습권을 침해하지 않고, 외설적이고 모욕적인 표현은 삼가는 것 등이 주요 내용이다.

학생인권조례 폐지는 결국 학생 인권 침해로 이어질 거야.

학생인권조례를 악용하는 학생 탓에 다수 학생의 학습권이 침해된다는 주장은 비약이야. 언론에 자극적으로 보도된 사례는 매우 극소수에 불과해.

학생인권조례가 폐지되면 학생 인권은 퇴보할 거야. 최근 정부가 학생인권조례를 제·개정할 시 참조하라며 내놓은 '학교 구성원의 권리와 책임에 관한 조례 예시안'을 보면 이 주장이 기우(앞일에 대해 쓸데없는 걱정을 함)가 아님을 알 수 있어. 정부는 이 예시안에 교육 주체인 학생과 교사 그리고 학부모의 권리와 책임을 균형 있게 담았다고 설명했지만, 실상은 그렇지 않아. 기존 학생

인권조례에서 중요한 가치로 여겨졌던 '차별받지 않을 권리', '사생활을 보호받을 권리', '휴식할 권리'가 모두 빠졌기 때문이야.

차별받지 않을 권리가 사라지면 성별, 성 정체성, 경제적 지위 등에 따른 차별 문제가 불거졌을 때 책임 소재를 가리기 어려워. 사생활을 보호받을 권리가 빠지면 학생들은 불시에 소지품 검사를 당해도 항변할 수 없으며, 휴식권이 삭제되면 야간 자율 학습 및 보충 학습을 거부할 수 없지. 학생인권조례가 폐지된다면 이처럼 학생이 한 개인으로서 보장받아야 할 권리를 침해당하는 일이 비일비재해질 거야.

사실 학생인권조례는 학생의 인권을 보장한다는 근본적인 취지 말고도 학교 폭력을 감소시키는 역할도 해. 자세한 내용은 〈자료 4〉를 참고해 줘. 어떤 제도든 완벽할 수 없어. 학생인권조례도 마찬가지지. 제도적 오류나 부족한 점이 있다면 수정 및 보완해 개선하는 것이 폐지 수순을 밟는 것보다 우선돼야 해.

〈자료 4〉 학생인권조례 제정 지역 이전보다 학교 폭력 11% 감소

학생인권조례를 폐지하려는 시도가 계속되는 가운데 학생인권조례가 학교 폭력을 유의미하게 감소시킨다는 연구 결과가 주목받고 있다. 학생인권조례 시행과 중학교 학교 폭력의 관계를 분석한 논문에 따르면 학생인권조례를 도입한 시·도·광역시 내 중학교 학교 폭력 심의 건수는 시행 전과 비교해 약 11.2% 감소했다고 한다. 연구진은 인권 친화적 문화와 교육 방식을 강조하는 학생인권조례가 학생들의 문제 행동을 개선하는 데 긍정적인 영향을 미친 것으로 분석했다.

이번 토론은 우리의 학교생활과 직접적으로 맞닿아 있는 주제여서 더욱 공감이 가고 흥미진진했어. 찬반의견이 어떻게 오갔는지 정리해 볼게.

우선 찬성 측은 학생과 학부모가 교사의 정당한 교육권을 침해하는 사례가 늘고 있다며, 학생인권조례를 폐지하면 교권 회복에 도움이 될 거라고 주장했어. 학생인권조례 폐지가 학생 인권 침해로 이어지지 않을 거라고도 덧붙였지.

반대 측은 교권과 학생 인권은 서로 대립하는 개념이 아니며, 교권 침해 문제는 교권을 보장하는 내용의 새로운 법과 제도를 마련해 해결해야 한다고 이야기했어. 또한 학생인권조례 폐지는 결과적으로 학생 인권 침해로 이어질 거라고 내다봤지.

오늘 토론은 교권과 학생 인권에 대해 진지하게 생각해 볼 수 있어서 참 유익했어. 이번 논의가 어떤 방향으로 나아가든 교사와 학생 그 누구의 권리도 침해받지 않았으면 해.

3장

새로운 사회

: 미래의 일상과 일터는
어떤 모습일까?

주 4일 근무제, 도입해야 할까?

이번에는 '주 4일 근무제, 도입해야 하는가'를 주제로 선정해 봤어. 코로나19 이후 재택근무가 늘어나는 등 근무 형태가 유연해지면서 주 4일 근무제 도입 논의가 본격화되고 있어. 특히 지난 제20대 대통령 선거 당시 일부 대선 후보의 공약으로 주 4일 근무제 도입이 거론된 이후 관심이 더욱 커졌지.

주 4일 근무제란 현재 최대 주 52시간인 법정 근로 시간을 줄여, 휴일을 2일에서 3일로 하루 늘리는 것을 말해. 이에 대해 찬성하는 측은 주 4일 근무제로 근로자의 건강과 삶의 질이 향상되는 것은 물론 충분한 휴식을 통해 생산성도 높아질 거라고 주장

해. 하지만 반대 측은 근로 시간이 줄어든 만큼 임금이 낮아질 수 있으며, 산업 경쟁력도 약화할 거라고 우려하지.

토론에 앞서 현재 우리나라의 근무 체계에 대해 살펴보자. 근로기준법부터 알아볼게. 근로기준법은 헌법에 근거해 근로 조건의 기준을 정해 놓은 법률이야. 헌법에 따라 근로 조건의 기준을 정함으로써 근로자의 기본적인 생활을 보장하고 향상시키며, 균형 있는 국민 경제의 발전을 꾀하기 위해 제정됐지. 근로기준법에 따르면 임금, 근로시간, 휴일, 유급휴가 등을 서면으로 작성해야 하고 근로 계약의 내용도 근로기준법에서 정한 기준에 어긋나면 안 돼.

한편 근로기준법에서는 근로자가 임금을 정상적으로 받고, 적정한 시간 동안 근무할 수 있도록 기준을 명시하고 있어. 임금은 통화(유통 수단이나 지불 수단으로서 기능하는 화폐)로 매월 1회 이상 일정한 날짜에 직접 근로자에게 전액을 지급해야 해.

현재 우리나라의 법정 근로시간은 1일 8시간, 1주 40시간을 초과할 수 없는 것이 원칙이야. 이에 따라 주 5일 근무제가 실시되고 있지. 하지만 회사와 근로자가 합의하면 근로시간을 1주에 12시간까지 연장할 수 있어서, 최대 주 52시간 일하는 것이 가능해. 이는 2018년 근로기준법이 개정되면서 주당 법정 근로시간이 68시간에서 52시간으로 줄어든 결과야. 자, 그럼 이제 본격적으로 토론을 시작해 볼까?

잠깐!

토론 전에 생각해 보기

☐ 근로시간 단축이 가져올 긍정적인 효과는 무엇일까?

☐ 일과 삶을 모두 만족시킬 방법은 없을까?

☐ 업무 효율성 향상에 영향을 주는 요인에는 어떤 것이 있을까?

☐ '주 4일 근무제 도입'에 대한 '나'의 생각은?

도움이 되는 자료들

세계 최대 규모 주 4일 근무 실험한 영국 기업

주 4일 근무, 하이브리드 근무 가능할까

찬성1

일하는 시간이 줄어드는 만큼 근로자의 삶의 질이 높아질 거야. 충분한 휴식이 이뤄지면 업무 효율성도 향상될 수 있어.

2023년 우리나라 1인당 연간 근로시간은 1,874시간이었어. 2022년에 견주어 30시간 줄어든 것이지만 사실상 근로 일수가 전년보다 하루 줄어든 영향이라 게 고용노동부의 설명이야. 연간 근로시간이 사상 처음 1800시간대로 감소했지만, 경제협력개발기구(OECD) 회원국의 평균 연간 근로시간(1,752시간)과 비교하면 여전히 122시간 많지.

이렇게 일하는 시간이 길다 보니 근로자들의 삶의 질은 자연스럽게 낮아질 수밖에 없어. 주 4일 근무제를 도입해 노동 시간이 줄어들면, 자신과 가족을 돌볼 시간이 늘어나면서 삶의 질도 향상될 거야. 주 4일 근무제를 통해 충분한 휴식을 보장받게 되면 근로자들의 창의성과 집중력이 높아져 업무 효율성이 향상될 거라는 의견도 있어. 국회예산정책처가 분석한 2022년 기준 우리나라의 시간당 노동 생산성은 49.4달러로, 37개 OECD 회원국 중 33위로 하위권였어. 1위인 아일랜드(155.5달러)와 비교하면 30% 수준이며, 미국(87.6달러), 일본(53.2달러)보다도 낮은 수준이지. 이러한 통계를 보면 오래 일한다고 해서 효율이 높아지는 것은 아니라는 사실을 알 수 있어. 스웨덴의 한 사회학자는 일하는 시간은 긴데 생산성이 떨어지는 현상을 '공허 노동'이라는 용어로 설명했어. 공허 노동이란 근로자가 업무 시간에 일과 관계없는 인터넷 서핑, 동료와의 잡담 등으로 시간을 낭비하는 것을 말해. 공허 노동을 최소화하고 업무에 집중한다면, 주 4일 근무제를 도입해도 큰 문제가 없을 거야.

〈자료 1〉 주 4일 근무제 관련 여론

주 4일제 도입

찬성	반대 2.98
97.02	

주 4일제 찬성 이유

일과 휴식의 균형이 좋아질 것 57.7
기타 1.0
일자리 창출 6.1
내수 활성화 8.9
생산성이 높아질 것 26.3
(단위: %)

출처: 잡플래닛(2021년)

115

근로시간 감소로 임금이 줄어드는 부작용이 발생할 수 있어. 근로자 사이의 양극화 현상 또한 심화할 거야.

법정 근로시간이 줄어들면 근로자의 소득 또한 감소할 가능성이 커. 실제로 국내외에서 주 4일 근무제를 도입한 기업 가운데 급여를 삭감한 사례가 꽤 있어. 정치권에서 요구하는 방식대로 소득을 유지하면서 주 4일 근무제를 적용한다 해도, 기업은 부족한 인력을 보충하는 데 드는 비용을 줄이기 위해 비정규직 고용·정리 해고 등의 방안을 마련할지도 몰라. 이런 과정에서 피해를 보는 건 결국 근로자일 수밖에 없지.

소득이 줄거나 일자리를 잃을지도 모르는 상황에서 주 4일 근무제를 반길 사람은 많지 않다고 봐. 〈자료 2〉에 따르면, 설문 조사 결과 상당수의 사람이 임금이 감소할 경우에는 주 4일 근무제 도입을 반대한다고 의견을 밝혔어.

한편 근로자 사이의 격차가 더욱 심해질 것을 우려하는 목소리도 나오고 있어. 현재 우리나라에서 생산성 강화와 직원 복지를 내세우며 근로시간을 줄인 기업은 대기업과 IT 기업이 대다수야. 주 4일 근무제가 도입된다 해도 소수의 근로자만 이를 누리고 그 외에는 혜택을 보지 못해 양극화가 심화할 가능성이 있어.

근로시간 단축에 따라 워라밸이 확보될 거라고 기대하는 사람이 많지. 하지만 기업에서는 직원의 업무 강도를 높여 기존의 노동 생산성을 유지하려 할 가능성이 높아. 그에 따라 무임금으로 야근·휴일 근무를 선택해야 하는 경우가 생길 수도 있지.

또 주 4일 근무제 도입으로 기업이 채용을 늘리더라도 강도 높은 업무에 바로 투입할 수 있는 경력직만 뽑으려고 해서, 청년층의 취업난이 더욱 심각해질 거라는 우려도 들어.

〈자료 2〉 주 4일 근무제 도입 시 임금이 줄어든다면?

그래도
주 4일 근무를
택하겠다
29%

주 4일 근무를
하지 않겠다
64%

모르겠다
7%

출처: 한국리서치(2021년)

찬성 2

주 4일 근무제를 도입한 뒤 좋은 효과를 거둔 국내외 사례가 있어. 일자리를 늘리고 경제를 활성화하는 데도 도움이 될 거야.

주 4일 근무제 도입은 세계적인 추세야. 아이슬란드는 정부 주도로 주 4일 근무제를 실험하기도 했어. 레이캬비크(아이슬란드의 수도) 시의회와 중앙정부는 2015~2019년 전체 근로 인구의 약 1%에 해당하는 2,500여 명을 대상으로 주 4일 근무제를 시행했어. 유치원 교사, 회사원, 의료인 등 다양한 직군의 참가자들은 임금이 줄지 않고 근로시간만 단축되는 방식으로 실험에 참여했지. 그 결과 전체적인 노동 생산량이 유지되거나 향상됐으며, 근로자의 스트레스나 번아웃 증후군(일에 몰두하던 사람이 매우 큰 스트레스로 정신·육체적으로 쇠약해져 무기력해지거나 우울증에 빠지는

현상)이 줄고 건강 상태가 개선됐어. 실험이 성공리에 마무리되면서 아이슬란드 근로자의 80% 이상이 기존과 동일한 임금을 받으면서 더 적은 시간 근무할 수 있는 권리를 갖게 됐지. 우리나라에서 주 4일 근무제를 도입한 기업들에서도 해당 제도 시행 이후 직원 개개인의 역량과 업무 생산성이 모두 향상됐다는 결과가 나왔고, 직원 만족도 또한 매우 높았다고 해.

주 4일 근무제 도입은 일자리를 창출하는 데도 긍정적인 영향을 미칠 것으로 보여. 근로자들이 기존에 비해 적은 시간 대비 동일 수준의 생산량을 유지하니, 기업은 추가로 고용을 늘려 더 많은 이윤을 남기려 할 거야. 한편 주 4일 근무제를 시행하면 휴일이 증가한 만큼 소비가 늘어나 경제가 활성화될 거라는 예측도 나와. 그 밖에 주 4일 근무제 도입으로 업무 현장에서의 에너지 소비가 절감되고 출퇴근 과정에서 발생하는 탄소 배출량이 줄어들어 환경에도 긍정적인 영향을 미칠 거야.

〈자료 3〉 주 4일 근무제 도입 추진 중인 국가들

국가명	내용
프랑스·덴마크·네덜란드 스웨덴·노르웨이·영국·독일 아이슬란드 등	주 4일 근무제 시행, 혹은 시험 실시 중 (주당 35~37시간 내외 근무)
일본	주 4일 근무제 국가 공무원도 도입 추진(2023년)
스페인	주 4일 근무제 시범 도입(2021년)
칠레	주 4일 근무제 노동법 개정안 승인(2023년)

반대 2

주 52시간 근무제가 완전히 자리 잡지 않은 상황에서 또다시 근로시간을 조정하는 건 무리가 있어. 생산성 및 산업 경쟁력이 저하될지도 몰라.

근로시간 단축이 세계적인 흐름인 것은 맞지만, 아직 주 52시간 근무제가 우리 사회에 안정적으로 자리 잡지 않은 상태에서 주 4일 근무제를 도입하는 것은 시기상조라고 생각해. 〈자료 4〉에서 볼 수 있듯이 그간 법정 근로시간을 줄일 때마다 오랜 논의 과정이 필요했어. 주 52시간 근무제는 2018년 기업 규모에 따라 단계적으로 시행됐고, 2021년 7월부터 5인 이상 사업장으로까지 확대됐어. 이 같은 상황에서 주 4일 근무제를 성급하게 도입하면 사회적 혼란이 일어날 거야.

한편 주 4일 근무제가 도입되면 생산성이 떨어지고 산업 경쟁력이 낮아질 거라는 의견도 있어. 특히 제조업의 경우 주 근로시간이 줄면 생산에 차질이 생길 가능성이 커. 우리나라 산업 특성상 제조업이 차지하는 비율이 높은 편인데, 이로 인해 국가 경쟁력까지 낮아질 가능성도 있어. 단지 쉬는 날이 늘어난다고 무조건 창의성과 업무 효율성이 높아질 거라고 보기도 어려워. 오히려 오래 쉬고 나면 업무에 집중하기 더 힘들기도 하니까 말이야.

실제로 주 4일 근무제를 도입했다가 철회한 사례도 있어. 미국의 한 스타트업은 2018년 두 달 동안 주 4일 근무제를 시범 운영했어. 직원들은 초반에 매우 만족하며 열심히 일했지만, 시간이 지나자 긴장이 풀리며 잡담하거나 딴짓하는 시간이 늘어나기 시작했어. 성과는 나빠지는데 회사가 제공하는 각종 간식류 소비가 늘면서 부식비가 불어나자, 결국 회사는 주 5일 근무제로 다시 돌아왔지. 이러한 사례들도 참고해 주 4일 근무제를 도입하는 게 과연 옳은 방향일지 신중하게 검토할 필요가 있어.

〈자료 4〉 근로기준법 기준 법정 근로시간 변화

연도	내용
1953년	주 48시간, 최대 60시간
1989년	주 44시간, 최대 64시간
2004년	주 40시간, 최대 68시간(주 5일제 근무제 도입) 2003년 근로기준법 개정, 2004년 시행
2018년	주 40시간, 최대 52시간

이번 토론 과정에서 어떤 의견들이 나왔는지 살펴보자.

먼저 찬성 측은 주 4일 근무제를 도입해 일하는 시간이 줄어들면, 근로자 자신과 가족을 돌볼 시간이 늘어나면서 삶의 질이 향상될 거라고 이야기했어. 또 충분한 휴식을 보장받음으로써 업무 효율성도 높아질 거라고 주장했지. 한편 기존 근로자들의 근로시간이 줄어드는 만큼 기업에서 고용을 늘려 일자리가 추가로 창출되고, 휴일 증가와 함께 소비가 늘어나 경제가 활성화할 거라고 예상했어.

반대 측은 근로자의 소득 또한 감소할 가능성이 있다고 지적했어. 만약 정치권에서 요구하는 방식대로 소득을 유지하면서 주 4일 근무제를 적용한다 해도, 기업은 인건비를 줄이기 위해 비정규직 고용·정리 해고를 늘릴 거라고 우려했지. 또 주 4일 근무제 도입으로 생산성이 떨어지고 산업 경쟁력이 낮아질 거라고도 전망했어.

법정 근로시간 조정은 국민의 삶에 매우 중요하고 직접적인 영향을 미치는 일이야. 더욱 신중하게 논의한 후 결정할 문제라고 생각해.

MBTI 검사,
채용 과정에 활용해도 될까?

자! 이번에는 MBTI, 즉 마이어스-브리그스 성격 유형 지표 (Myers-Briggs Type Indicator)를 채용 과정에 활용해도 되는가를 주제로 토론해 보자. MZ 세대를 중심으로 시작된 MBTI 열풍이 식지 않고 있어. 처음 만난 사람들끼리 서로 MBTI를 공유하며 인사를 나누는 게 전혀 이상하지 않을 만큼 이제 MBTI는 하나의 문화로 자리 잡았지. 그런데 최근 일부 기업들이 채용 과정에서 이를 활용하며 논란이 됐어. 지원자에게 자신의 MBTI 유형을 자기소개서에 적도록 하거나 면접에서 질문하는 식이지. 심지어 특정 유형의 지원을 독려하거나 우대한다고 밝혀 온라인상에서 갑

론을박이 펼쳐지기도 했어.

MBTI를 채용 과정에 활용하자는 측은 지원자의 성격 유형을 고려해 업무를 배정하면 효율성이 더 높아질 거라고 주장해. 이에 반대하는 측은 MBTI로 지원자의 성향이나 업무 역량을 판단하기엔 무리가 있다고 말하지.

MBTI는 미국의 심리학자 이사벨 브리그스 마이어스가 어머니 캐서린 쿡 브리그스와 함께 만든 자기 보고식 성격 유형 검사 도구로 1944년에 개발됐어. 스위스의 정신분석학자 카를 융의 심리 유형론(카를 융의 초기 학설로 의식의 구조와 각 기능의 유형, 무의식의 관계를 통해 인간의 심리 유형을 설명한 이론)을 바탕으로 고안됐지. 이 검사에 의하면 사람의 성격은 외향형(E)/내향형(I), 감각형(S)/직관형(N), 사고형(T)/감정형(F), 판단형(J)/인식형(P) 이렇게 네 가지 기준에 따라 열여섯 가지 유형으로 분류돼. 우리나라에는 1990년대 처음 소개됐는데, 몇 년 전부터 큰 인기를 끌었지.

MBTI는 일련의 검사 양식을 통해 응답자가 자신의 성격적 특성을 파악할 수 있도록 도와줘. 성격이란 개인이 가지고 있는 고유한 성질이나 품성으로, 직업 선택뿐만 아니라 대인 관계나 사회 적응 등에도 영향을 준다고 하지. MBTI는 검사 대상자가 본인의 성격적 특성을 살펴보는 도구 중 하나야. 과연 이런 지표가 채용에 영향을 주어도 좋을지 지금부터 토론을 시작해 보자.

잠깐!

토론 전에 생각해 보기

☐ MBTI가 과연 직무 능력을 객관적으로 가늠할 척도가 될까?

☐ 과거에 만들어진 검사 지표를 역동적으로 변한 오늘날 적용해도 될까?

☐ 개인의 성격 유형 지표를 공개해야 하는 건 또 다른 차별 아닐까?

☐ 'MBTI 검사'에 대한 '나'의 생각은?

도움이 되는 자료들

MBTI 둘러싼 이모저모

다방면에 활용되는 MBTI,
경계 필요

찬성1

MBTI는 지원자를 파악하는 판단 요소 중 하나야. 지원자의 성격 유형을 파악해 업무에 반영하면 효율성이 높아질 거야.

기업들이 채용 과정에서 MBTI를 활용하는 건 더 좋은 인재를 채용하기 위해서야. 구직자가 자신의 적성과 관심도를 바탕으로 일하고자 하는 회사를 골라 지원하듯, 기업도 나름의 기준에 따라 직원을 선별하고 선택할 권리가 있어. 기업의 채용 기준은 그 기업 고유의 권한으로 존중받아야 하며, MBTI 활용 여부 또한 마찬가지로 기업의 선택에 맡겨야 해.

우리나라에서 대부분의 기업들은 서류 전형, 인적성 검사(인성 검사와 적성 검사를 아울러 이르는 말), 면접 등의 전형을 중심으로 채용을 진행해. 각 절차를 통해 지원자가 업무에 적합한 능력을 지니고 있는지, 기존 직원들과 조화를 이룰 만한지 등 다양한 요소를 확인하지.

최근 기업들이 채용 과정에서 MBTI를 활용하는 주요 이유는 지원자의 성향을 미리 파악하고 그에 따라 적절한 업무를 배정하기 위해서야. 개인이 지닌 강점을 최대한 활용할 수 있는 일을 맡겨서, 안정적이고 효과적인 기업 경영을 이뤄 나가려는 거지. 서류 전형이나 인적성 검사, 면접 등과 같이 MBTI도 지원자를 파악하는 판단 요소 중 하나일 뿐이야. 〈자료 1〉을 보면 기업들이 채용 과정에서 MBTI를 어떻게 활용하는지 확인할 수 있어.

물론 기업이 채용 과정에서 MBTI를 활용하는 데 보다 명확한 기준을 세울 필요는 있어. 인터넷상에 돌아다니는 간이 검사가 아닌, 공신력 있는 기관을 통해 타당성을 확보한 정식 검사를 거친다면 논란을 피할 수 있을 거야.

〈자료 1〉 기업 채용 시 MBTI 활용 사례

기업명	내용
SH수협은행	자기소개서에 MBTI 유형 및 장단점 소개, 이에 따른 직무 적합도 작성.
아워홈	자기소개서에 MBTI 유형 및 장단점 소개.
안국건강	2차 전형 시 MBTI 현장 검사 실시.
애드나인	MBTI 유형이 'E(외향형)'로 시작할 경우 우대.

반대 1

객관적 근거가 부족한 MBTI 검사를 채용 과정에 활용해서는 안 돼. MBTI로 사람을 규정하고 판단하는 건 비윤리적인 행동이야.

모든 사람의 성격을 고작 열여섯 가지 유형으로 구분하는 건 지나친 단순화야. 사람들이 저마다 다른 유전자와 지문을 가지고 있는 것처럼 성격 또한 다양하지. 게다가 요즘 인터넷상에서 유행하는 무료 MBTI 검사는 신뢰도와 타당성을 확보한 정식 검사가 아니야. 기존 MBTI 검사 내용을 활용한 간이 검사로, 문항이나 검사 방식이 정식 검사와는 달라. 〈자료 2〉를 보면 좀 더 자세한 내용을 확인할 수 있어. 이렇듯 객관성이 떨어지고 비과학적인 검사를 채용 과정에 활용해서는 안 돼.

한편 MBTI가 사람 간의 우열을 가리는 수단으로 활용될지 모른다는 우려도 있어. MBTI는 개인의 선호도와 성향에 따른 분류일 뿐, 유형 간의 우열이나 순위가 있는 게 아니야. 그런데 MBTI를 채용에 활용하면 자칫 '특정 성격 유형이 일을 더 잘한다.'라는 식의 위험한 편견이 생겨날 수 있어. MBTI는 결코 절대적 기준이 아니며, 이것으로 개인의 역량 및 발전 가능성을 판단하거나 업무 성과를 예측하는 건 무리야. 세계 각국의 MBTI 인증을 총괄하는 마이어스-브리그스재단 또한 자체 윤리 지침을 통해 MBTI를 채용에 활용하는 것은 비윤리적인 일이라고 경고했어.

MBTI를 통해 개인의 모든 부분을 설명하는 것은 불가능해. 우리 모두는 MBTI 결과가 보여 주는 내용보다 훨씬 입체적이고 고유한 특성을 지녔어. MBTI는 자기 자신과 타인을 이해하는, 재미있는 참고 수단 정도로 활용하는 게 적당해.

〈자료 2〉 무료 MBTI 검사와 정식 MBTI 검사의 차이

요즘 인터넷을 통해 유행하는 MBTI 검사는 영국 웹사이트에서 배포한 '16personalities'라는 무료 검사다. 그런데 이 무료 검사와 정식 MBTI 검사는 다르다. 무료 검사에는 정식 MBTI 검사와 같은 문항이 하나도 없으며 검사 형태도 같지 않다. 제시되는 질문에 '그렇다', '그렇지 않다' 중 하나의 답만 할 수 있는 정식 검사와 달리, 무료 검사는 동의와 비동의 사이에 7단계나 있어 질문에 얼마나 동의하는지를 답하게 돼 있다. 성격 유형의 코드 역시 이니셜만 같을 뿐 단어가 다르다. 예를 들어 'S'의 경우 정식 MBTI 검사는 'Sensing(감각형)'에서 따온 것이라면, 무료 검사는 'obServant(관찰형)'에서 나온 것이다.

찬성 2

MBTI를 활용해 기업 분위기 및 직무에 적합한 직원을 채용하면 일이 적성에 맞지 않아 조기 퇴사 하는 사례를 줄일 수 있어.

채용 시 MBTI를 활용하면 기업뿐만 아니라 지원자들에게도 긍정적인 영향을 미칠 거야. 입사를 지원할 때부터 자신이 해당 회사와 직무에 어울리는 사람일지 미리 가늠해 볼 수 있을 테니 말이야.

〈자료 3〉은 MZ 세대 직장인을 대상으로 한 첫 이직 경험 관련 설문 조사 결과야. 이에 따르면 MZ 세대 직장인 열 명 중 세 명이 첫 회사에 입사한 지 1년도 지나지 않아 퇴사한 것으로 집계됐어. 그리고 절반 이상이 2년 이내 퇴사를 결정한 것으로 나타났지. 요즘처럼 취업이 어려운 상황에서도 젊은 세대는 자신에게 맞지 않는다고 생각하면 과감히 퇴사하는 성향이 강하다고 해.

신규 채용자의 이른 퇴사는 기업 입장에서 큰 손해야. 기업에서 직원을 뽑고 교육하는 데에는 상당한 비용과 시간이 소요돼. MBTI를 활용해 업무 적합도를 미리 판단할 수 있다면 적성이 맞지 않아 조기 퇴사 하는 사례가 줄어들 거야. 결국 지원자와 기업 모두에게 이로운 결과로 작용할 거란 얘기야.

성격 유형이 잘 맞는 동료들과 일하면 업무 분위기가 좋아지는 데도 도움이 될 수 있어. 특히 사람 사이의 관계가 중요한 업종이라면 직원을 뽑을 때 MBTI 유형을 적극적으로 고려할 만해.

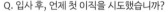

〈자료 3〉 MZ 세대 이직 경험 설문 조사

Q. 입사 후, 언제 첫 이직을 시도했습니까?

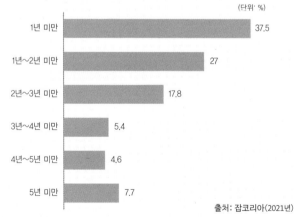

(단위: %)

1년 미만	37.5
1년~2년 미만	27
2년~3년 미만	17.8
3년~4년 미만	5.4
4년~5년 미만	4.6
5년 미만	7.7

출처: 잡코리아(2021년)

MBTI는 자기 보고식 검사로, 기분이나 상황에 따라 결과가 달라질 수 있어. 조작 또한 충분히 가능하기 때문에 신뢰하기 어려워.

　　MBTI는 응답자가 자신의 상태를 스스로 판단해 문항을 선택하거나 기술하는 자기 보고식 검사야. 검사 당시의 상황이나 기분에 따라 얼마든지 다른 결과가 나올 수 있다는 점에서 신뢰도가 떨어져. 응답자의 의도에 따라 얼마든지 결과를 조작할 수 있다는 문제도 있어. 무의식중에 평소 이상적으로 생각하던 선택지를 고르거나, 많은 사람이 선호하는 성격 유형 결과를 받기 위해 자신의 실제 성향과 다른 선택지를 고를 수 있지.

　　채용 과정에서 MBTI를 활용하는 기업들은 MBTI가 단지 참고용일 뿐 합격 당락에는 영향을 끼치지 않는다고 주장해. 하지만 취업이 간절한 구직자 입장에서는 충분히 부담으로 느껴질 수 있어. 가뜩이나 취업하기 힘든데 MBTI가 또 다른 관문이 될 수 있다는 거지. 실제로 일부 기업에서 특정 MBTI 유형은 지원 자체를 못 하게 하거나 불이익을 주는 경우도 있고 말이야. 성격이 외향적이라고 해서 사회생활을 잘할 거라고 여기거나, 내향적이라고 해서 업무에 소극적으로 임할 것이라는 판단은 편견이야. 기업이 선호할 만한 유형을 파악한 뒤, 자신의 실제 모습을 숨기고 해당 성격 유형 결과를 받기 위해 거짓으로 응답하거나 검사 결과를 속이는 이들이 늘어날지도 몰라. 이렇게 조작된 결과를 가려낼 방법이 없다는 것도 MBTI 검사의 문제지. 〈자료 4〉를 통해 MBTI가 안고 있는 한계와 문제점을 확인할 수 있어.

〈자료 4〉 **MBTI 검사의 한계와 문제점**

MBTI는 시대적으로 심리학 분야에 과학적 분석법이 자리 잡기 이전에 만들어진 성격 유형 검사라는 점에서 한계를 안고 있다. 그 당시에는 인간을 선반 위 통조림처럼 유형화할 수 있으며, 이를 통해 사람의 행동을 예측할 수 있다고 믿었다. 현재 MBTI 외에 통계적이고 과학적인 방법론을 적용해 신뢰도와 타당도 면에서 높은 평가를 받는 성격 검사들이 훨씬 많이 개발돼 있다.

한편 MBTI는 자기 보고식 검사라는 점에서 피검사자가 자신의 성격을 파악하고 보고할 때 왜곡된 답을 제출할 여지가 있다. 공인된 MBTI 검사는 전문가의 설명과 해석이 필수적인데, 대중적으로 쉽게 접할 수 있는 인터넷상의 검사를 개인이 진행할 경우 검사의 정확도가 떨어질 수밖에 없다.

토론 갈무리하기

마지막으로 오늘 토론 내용을 정리해 볼게.

찬성 측은 MBTI가 서류 전형, 인적성 검사, 면접 등과 같이 지원자를 판단하는 요소 중 하나에 불과하다고 주장했어. 지원자의 성격 유형을 파악해 업무 배정에 반영하면 효율성을 높일 수 있으며, 결국 기업과 구직자 모두에게 긍정적일 거라고 이야기하기도 했지.

반대 측은 MBTI가 객관적 근거가 부족한 검사이며, 이를 통해 개인의 역량이나 발전 가능성을 판단해서는 안 된다고 주장했어. 검사를 할 때마다 결과가 달라질 수 있고, 조작이 가능해 신뢰하기 어렵다는 의견도 있었지.

MBTI에 열광하는 사람들이 많아지면서, 이것이 하나의 놀이 문화를 넘어서 채용 과정에 활용되는 기준이 됐다고 하니 놀라워. 무엇이든 너무 과도하게 몰입하기보다는 적정한 선을 지키는 편이 가장 좋겠지? 앞으로 채용 과정에서 MBTI가 어떻게 활용될지, 그 방법은 적절한지 계속해서 관심 있게 지켜보자.

도시 철도 노인 무임승차, 폐지해야 할까?

무료 승차

지금부터 '도시 철도 노인 무임승차, 폐지해야 하는가'를 주제로 토론해 볼 거야. 우리 사회에 노인 인구가 급증하면서 지하철로 대표되는 도시 철도 노인 무임승차 제도를 둘러싼 문제가 다시 수면 위로 떠올랐어. 도시 철도를 운영 중인 각 기관에서는 노인 무임승차로 인한 손실이 막대하다며 정부에서 손실액을 지원해 줘야 한다고 주장하기도 하지.

도시 철도 노인 무임승차 폐지를 찬성하는 측은 나이가 많다는 이유로 무조건 무임승차 혜택을 주는 건 비합리적이고 불공정하다고 주장해. 이에 반대 측은 해당 제도가 사라지면 노인 빈곤

가구의 이동권 침해를 비롯해 이들의 신체적·정신적 건강 악화 문제로 노인 복지에 큰 구멍이 생길 거라고 우려하지.

　노인 무임승차 제도는 노인의 이동권을 보장해 삶의 질을 높이고, 다양한 사회 참여 기회를 제공하기 위해 만들어졌어. 이 제도는 1980년에 만 70세 이상 노인의 대중교통 요금을 50% 할인하는 방식으로 시작됐지. 그런데 1981년 제정된 「노인복지법」에서 노인의 기준이 만 65세 이상으로 조정되면서 혜택을 받는 대상이 늘어났어. 이후 1984년부터 대통령의 지시에 따라 만 65세 이상 노인은 도시 철도를 무료로 이용할 수 있게 됐지. 현재 도시 철도 무임승차 대상자는 장애인, 국가유공자, 만 6세 미만 유아 등으로 확대됐어.

　이 가운데 유독 노인 무임승차와 관련한 논란이 끊이지 않는 것은 고령화 현상이 갈수록 심화되고 있기 때문이야. 노인 인구가 증가함에 따라 무임승차 대상자가 많아지면서 도시 철도 운영 적자가 늘어나자 제도를 손봐야 한다는 목소리가 높아진 거지.

　고령화란 전체 인구에서 노인 인구가 차지하는 비율이 증가하는 현상이야. 노인 인구가 전체 인구의 7% 이상이면 고령화 사회, 14% 이상이면 고령 사회, 20% 이상이면 초고령 사회로 정의하지. 통계청 자료에 따르면 우리나라는 2017년 이미 고령 사회에 진입했고, 2025년 빠른 속도로 초고령 사회에 진입하게 돼. 자, 이런 상황을 염두에 두며 토론을 시작해 보자.

잠깐!

토론 전에 생각해 보기

☐ 제공했던 복지 혜택을 줄였을 때 나타나는 부작
  용은 없을까?

☐ 초고령 사회를 극복할 현명한 정책은 무엇일까?

☐ '도시 철도 노인 무임승차'에 대한 '나'의 생각
  은?

도움이 되는 자료들

초고령 사회,
노인 빈곤율은 최악

손익만 따질 수 없는
노인 무임승차

YES!

찬성 1

우리나라는 곧 초고령 사회로 진입할 것으로 보여. 노인 무임승차로 인한 경제적 손실을 감당하기 어려워진 만큼, 현재 상황에 맞게 제도를 손봐야 해.

도시 철도 노인 무임승차 제도는 1984년 만 65세 이상 노인 인구가 전체 인구의 약 4%에 불과하던 때 도입됐어. 하지만 현재는 상황이 완전히 달라졌어. 통계청이 발표한 '2023 고령자 통계' 자료에 따르면, 2023년 우리나라의 65세 이상 노인 인구는 전년보다 50만 명 가까이 급증한 949만 9,900명으로 전체 인구의 18.4%를 기록했어. 이 같은 추세라면 2025년에는 노인 인구가 전체의 20.6%에 달해 초고령 사회로 들어설 것으로 보여.

상황이 이렇다 보니 전국 도시 철도 운영 기관들은 노인 무임승차로 인한 경제적 손실을 감당하기 어려운 지경에 이르렀어.

〈자료 1〉을 보면 무임승차에 따른 손실 금액이 상당하다는 걸 알 수 있지. 도시 철도 운영 기관의 운영난이 계속되면 노후 전동차 및 각종 시설을 교체·보수하는 데 필요한 자금을 마련하기 어려워지고, 나아가 이용객의 안전 또한 보장받을 수 없게 될 거야.

도시 철도 운영 기관에서는 중앙정부가 노인 무임승차에 따른 손실 금액을 지원해 줘야 한다고 주장하지만, 이는 궁극적인 해결 방법이 될 수 없어. 노인 인구 증가로 인해 무임승차에 따른 손실이 계속해서 커질 텐데, 지원금으로 이를 해결하는 것은 밑 빠진 독에 물 붓기나 다름없어.

한편 도시 철도 노인 무임승차 손실 비용이 국가의 부담이 되면, 도시 철도가 없는 지역의 노인에게는 교통 복지 혜택이 돌아가지 않는 등 불평등 문제가 불거질 가능성도 있어. 정부 차원의 노인 교통 복지 제도는 현재와 같은 보편적 복지(국민 모두에게 제공되는 복지)가 아니라 선별적 복지(저소득층 등 필요한 국민에게만 제한적으로 제공되는 복지)로 변화해야 한다고 봐.

〈자료 1〉 도시 철도 무임 수송 적자 규모

■ 전국 ■ 서울 ■ 부산 (단위: 억 원)

	2020년	2021년	2022년
전국	4,456	4,717	5,367
서울	2,643	2,784	3,152
부산	1,045	1,090	1,234

반대 1

노인 무임승차 손실에 대한 정부의 적극적인 지원이 이뤄져야 해. 또 현행 제도를 유지하면서 노인 기준 연령을 올리는 방안도 있어.

우리나라 노인의 상대적 빈곤 율(65세 이상의 노인 인구 중 소득이 전체 인구의 중위 소득 50% 미만인 자의 비율)은 40.4%로 OECD 국가 가운데 가장 높고, 회원국 평균(14.1%)보다 세 배 가까이 높은 수치야. 이에 반해 우리나라의 노인 복지 지출 비중은 3.4%로 OECD 국가 가운데 최하위 수준이며, 일하는 65세 이상 노인은 34.9%로 OECD 회원국 가운데 가장 많은 수준이지.

급격한 고령화로 인해 노인의 빈곤·소외 문제가 더욱 심화해 가는 상황에서 기본 복지로 자리 잡은 노인 무임승차 혜택을 폐지해서는 안 돼. 무임승차에 따른 도시 철도 운영 기관의 손실이 심각하다는 문제는 정부의 지원과 투자로 해결이 가능할 것으로 보여. 노인 무임승차 제도 자체가 정부에서 오랫동안 시행해 온 정책인 만큼 정부의 적극적인 재정 지원이 꼭 필요하다고 생각해.

한편 노인 무임승차 손실 문제를 해결하기 위해 노인 연령 기준을 올리는 방안도 고려해 볼 만해. 최근 서울연구원에서 발간한 보고서에 따르면, 장래 노인 인구 증가율과 통행 가능 여부 등을 고려했을 때 노인 연령을 만 70세로 상향할 경우 무임승차로 인한 손실 비용을 연간 25~34%나 절감할 수 있다고 해.

우리나라 국민의 기대 수명은 83.5년으로 OECD 국가 평균과 비교해 2~3년 더 긴 편이야. 지속적인 기대 수명 증가와 함께 노인 기준 연령에 대한 인식 역시 변화하고 있는 만큼, 현행 제도를 유지하되 다각적인 논의와 연구를 이어 갈 필요가 있어.

〈자료 2〉 OECD 주요국 노인의 상대적 빈곤율과 65세 이상 병균 고용률

단위: %

OECD 주요국 노인의 상대적 빈곤율

대한민국	오스트레일리아	미국	영국	캐나다	스페인	이탈리아	네덜란드
40.4	22.6	21.6	13.1	12.1	11.3	10.3	6.0

OECD 65세 이상 평균 고용률

OECD 평균 15.0%

대한민국	일본	미국	오스트레일리아	캐나다	영국	네덜란드	이탈리아	스페인
34.9	25.1	18.0	14.7	12.9	10.3	9.4	5.1	3.1

찬성 2

나이를 기준으로 무임승차 대상을 정하고
일괄적으로 혜택을 주는 것은 비합리적이고
불공정한 정책이야.

현행 노인 무임승차 제도의
불공정성은 크게 두 가지로
구분할 수 있어. 첫째는 도시
철도가 마련된 지역과 그렇지
않은 지역에 살고 있는 이들 사이의 불공정이야. 도시 철도는 우
리나라 전체에 마련된 교통수단이 아니야. 도시 철도가 있는 지
역에 사는 노인은 교통비가 들지 않지만, 그 외의 지역에 사는 노
인은 일반 성인과 같은 교통비를 지출하고 있지. 이로 인해 도시
철도 노인 무임승차 제도는 처음부터 형평성에 어긋나는 복지 정
책이라고 비판하는 사람들도 많아.

둘째는 노인 세대와 젊은 세대 사이의 불공정이야. 노인 무임

승차에 따른 손실은 요금 인상으로 이어질 텐데, 이에 대한 부담은 젊은 세대에 고스란히 가중될 거야. 나아가 노인 무임승차를 둘러싼 논란이 노인 혐오 문제로 번질 가능성도 무시할 수 없어.

우리나라는 전 세계에서 유일하게 만 65세 이상의 모든 노인에게 도시 철도 무임승차 혜택을 제공하는 국가야. 〈자료 3〉을 보면 알 수 있듯, 외국의 경우 각 국가의 재정 여건과 개인의 소득 수준, 이용객이 몰리는 출퇴근 시간 등을 고려해 노인 무임승차 할인율을 달리하고 있지. 교통 복지를 유지하려면 그 대상을 노인으로 한정할 것이 아니라 모든 연령대를 통틀어 꼭 필요한 사람을 선별하는 등 새로운 제도가 마련돼야 한다고 생각해. 대중교통 이용이 어려운 지역에 사는 노인에게 교통비를 제공한다든가, 저소득층을 위해 요금 할인을 해 주는 식으로 말이야.

〈자료 3〉 해외 노인 무임승자 제도 사례

나라	할인 대상	할인 내용 및 수준
영국	60세 이상	출퇴근 시간 외 무료
네덜란드	65세 이상	철도: 편도 40%, 왕복 45% 할인 / 버스: 50% 할인
덴마크	65세 이상	철도 및 버스 50% 할인(이용 시간 제한)
호주	65세 이상	모든 교통수단 50% 할인
일본	70세 이상 중 신청자	모든 교통수단 대상으로 소득 수준에 따라 일정액 본인 부담
홍콩	65세 이상	모든 교통수단 50% 할인(최대 2홍콩달러)

출처: 서울연구원(2021년)

반대 2

도시 철도 노인 무임승차 제도는
비용 대비 사회적·경제적 효과가 큰
대표적인 복지 제도야.

도시 철도 노인 무임승차 제도는 노인의 이동권을 보장해 사회적 욕구를 충족시키고 생활상의 문제를 예방·해결하려는 취지에서 도입된 '보편적 복지' 제도야. 여가 활동 증가, 노인 보건 향상, 관광산업 활성화 등 적은 돈으로 큰 효과를 낼 수 있는 대표적인 복지 제도라는 평가를 받고 있지.

〈자료 4〉에 따르면 도시 철도 노인 무임승차에 드는 비용 대비 사회적·경제적 편익이 훨씬 높다는 사실을 확인할 수 있어. 해당 조사를 진행한 연구 팀은 노인 무임승차 정책으로 노인 자살자 수, 우울증 환자가 수가 크게 줄었다고 분석했지. 교통비 부담이 사라져 노인들의 이동과 활동이 장려되면서 여가·경제활동이 활발해졌고, 나아가 고령자들이 흔히 겪기 쉬운 우울증 감소로까지 이어졌다는 거야. 이뿐만 아니라 도시 철도 노인 무임승차 제도는 교통사고를 감소시키는 효과도 있어. 해당 제도 덕분에 운전대를 잡는 노인이 줄어서, 교통사고로 인한 사망자·부상자 및 의료비가 감소할 수 있지.

도시 철도 노인 무임승차 제도를 폐지한다면 교통비 부담으로 노인의 사회적 고립과 단절이 심화될 테고, 이는 결국 노인 의료비 증가 등 각종 손실로 이어질 수 있어. 이로 인한 막대한 사회적 비용은 고스란히 정부와 국민의 몫이 되겠지. 노인들에게 도시 철도는 단순한 이동 수단을 넘어 노인을 사회, 그리고 사회 구성원들과 연결해 주는 역할을 하고 있어. 이런 섬에서 노인 무임승차 제도를 섣불리 폐지해서는 안 된다고 생각해.

〈자료 4〉도시 철도 노인 무임승차의 경제성

(단위: 억 원)

- 자살 감소 → 373　　• 우울증 감소 → 222
- 교통사고 의료비 절감 → 715
- 경제활동으로 인한 의료비 절감 → 625
- 기초 생활 예산 절감 → 290
- 관광산업 활성화 → 137

출처: 아주대학교 유정훈 교수(2017년)

이번 토론에 대한 찬성과 반대 의견을 각각 정리해 볼게.

먼저 찬성 측은 초고령 사회 진입을 눈앞에 둔 상황에서 노인 무임승차로 인한 도시 철도 운영 기관의 손실이 지나치게 크다고 걱정했어. 또 단순히 나이를 기준으로 무임승차 대상을 정하고 모든 사람에게 혜택을 주는 것은 비합리적이며 불공정하다고 주장했지. 이에 따라 현행 노인 무임승차 제도를 폐지하고, 개인의 소득 수준 등을 고려한 선별적 복지 제도를 마련해야 한다고 했어.

반대 측은 도시 철도 노인 무임승차 제도를 통해 노인의 이동권을 보장함으로써 거둘 수 있는 편익이 훨씬 많다고 주장했어. 이 같은 효과를 미뤄 볼 때 노인 무임승차로 인한 도시 철도 운영 기관의 손실을 정부가 적극적으로 지원할 필요가 있다고 했지.

현재 도시 철도 노인 무임승차 제도는 정부가 노인을 대상으로 제공하는 유일한 보편적 복지 제도라는 점에서, 이와 관련해 신중하면서도 섬세한 논의가 이뤄져야 할 것으로 보여.

현금 없는 매장, 금지해야 할까?

요즘은 현금을 넣은 두툼한 지갑 대신 얇은 카드 지갑 혹은 스마트폰만 가지고 다니는 사람이 많아. 대부분의 가게에서 카드 결제가 가능해지고, 모바일 간편 결제 시스템을 도입한 매장이 늘어나면서 굳이 현금을 들고 다닐 필요가 없어졌기 때문이지. 이런 변화에 힘입어 등장한 게 있으니, 바로 현금 없는 매장이야. 현금을 사용하는 사람이 적으니 아예 현금을 받지 않는 가게가 생긴 거야. 주로 프랜차이즈 카페, 패스트푸드점, 기업형 슈퍼마켓 등을 중심으로 현금 없는 매장이 증가하는 추세지.

그런데 이를 두고 소비자가 현금을 사용하지 '않는 것'과 '못 하는 것'은 전혀 다른 차원의 문제라는 지적이 나오고 있어. 이들은 소비자의 권리를 침해하는 현금 없는 매장을 금지해야 한다고 주장하지. 현금 없는 매장은 사회 변화에 따른 자연스러운 결과이기에 유지해도 괜찮다는 반박의 목소리도 이에 맞서고 있어.

물건을 사거나 서비스를 이용하려면 값을 치러야 하지? 경제학에서는 이 과정을 '지급'이라고 표현해. 우리는 현금, 카드, 모바일 간편 결제 서비스 등 다양한 '지급수단'을 이용해 경제활동을 하지. 지급수단은 크게 현금과 현금 이외의 수단으로 구분돼.

현금이란 정부나 중앙은행(한 나라의 금융과 통화정책의 중심이 되는 은행)에서 발행하는 지폐나 주화(동전)를 말해. 반면에 카드는 은행이나 카드 회사에서 발급하는 지급수단이야. 대부분의 카드는 신용 점수나 소득 등 대금 지급에 문제가 없다는 사실이 확인돼야 만들 수 있다는 점에서 현금과 차이가 존재하지. 한편 모바일 간편 결제 서비스는 스마트폰에 저장된 카드나 생체 정보 등을 이용해 전자 결제를 하는 방식으로, 최근 들어 널리 쓰이는 지급수단이야.

우리나라는 시장경제 체제 아래서 개인과 기업의 자유로운 경제활동을 보장하고 있어. 어떤 물건을 팔지, 할인은 어느 정도 할지 등을 결정하는 것은 판매자의 몫이지. 이와 비슷한 맥락에서 현금 없는 매장을 기업의 자유로운 경제활동의 일환으로 인정할지 말지가 이번 토론의 중요한 쟁점이 될 것으로 보여.

잠깐!

토론 전에 생각해 보기

☐ 현금을 받지 않는 행위가 금융 소외 계층에 대한 차별인 건 아닐까?

☐ 현금 대신 다른 결제 수단을 이용했을 때 부작용은 없을까?

☐ '현금 없는 매장'에 대한 '나'의 생각은?

도움이 되는 자료들

현금 사회적 비용
파악 나선 한국은행

현금 사용,
연령별 차별화 지속

소비자는 자유롭게 현금을 사용할 권리가 있어. 이를 보장하기 위해 현금 없는 매장을 금지해야 해.

소비자가 물건을 사거나 서비스를 이용할 때 현금을 사용하는 것은 법으로 인정하는 권리야. 한국은행법 제48조에는 '한국은행이 발행하는 한국은행권(지폐와 동전)은 법화(법률에 의해 언제 어디에서든 통용되도록 보장받는 화폐)로서 모든 거래에 무제한 통용된다.'라고 규정돼 있지. 쉽게 말해 현금을 언제 어디서든 사용할 수 있어야 한다는 거야. 카페나 식당 같은 가게에서 결제 시 현금을 받지 않는 것은 이 같은 소비자의 현금 사용 선택권을 침해하는 행위지.

〈자료 1〉을 보면 많은 나라에서 소비자의 현금 사용 선택권을 보장한다는 걸 알 수 있어. 현금 사용이 적은 국가에서도 말이야. 반면에 우리나라에서는 이 권리가 보호되기는커녕 침해받는 경우가 갈수록 늘고 있어. 한국은행이 발표한 '2021년 경제 주체별 현금 사용 행태 조사 결과'에 따르면 2020년 상점 및 음식점에서 현금 결제를 거부당한 경험이 있는 응답자는 전체의 6.9%나 됐어. 2018년 동일한 조사에서는 이 수치가 0.5%에 불과했는데 말이야.

　현금 없는 매장을 운영하는 기업은 매장 내에서 판매자와 소비자가 현금을 거래하지 않기로 암묵적으로 합의했기에 법에 저촉되지 않는다고 주장하지만, 이는 기업이 자신들의 편의를 추구하기 위한 변명에 불과해. 현금을 자유롭게 사용할 수 있는 소비자의 권리를 온전히 보호하기 위해서는 지금보다 더 구체적인 법안이 마련돼야 한다고 봐. 현금 없는 매장 운영처럼 특정 결제 수단을 사용하는 소비자를 불리하게 대우하는 행위를 금지한다고 법으로 명확하게 규정하는 식으로 말이야.

〈자료 1〉 외국의 현금 사용 선택권 보장 사례

현금이 전체 지급 수단의 15% 이하인 스웨덴은 2019년 은행의 여러 서비스에서 현금을 반드시 취급하도록 하는 법안을 통과시켰다. 미국의 경우, 뉴욕과 샌프란시스코 등을 중심으로 현금 사용 권리와 관련한 법이 만들어졌다. 또한 2023년 8월 로스앤젤레스에서는 현금 없는 매장을 규제하는 조례안이 발의되기도 했다.

현금 없는 매장은 사람들의 현금 사용이 줄며 자연스럽게 탄생했어. 이것이 소비자의 권리를 침해한다고 보기는 어려워.

우리 사회에서 현금을 사용하는 사람이 얼마나 될까? 한국은행이 발표한 보고서에 따르면 2021년 우리나라 사람들의 지출에서 현금이 차지하는 비중은 21.6%였어. 체크 및 신용 카드가 차지하는 비율은 절반이 넘는 58.3%였지. 〈자료 2〉를 보면 알 수 있듯 최근에는 간편 결제 서비스를 이용하는 비율도 빠르게 증가하고 있어. 시간이 흐를수록 현금 결제 비율은 줄어드는 추세지.

이런 상황에서 현금을 받지 않는 매장이 증가하는 것은 자연스러운 흐름이야. 소비자의 행태에 따른 사회 변화를 법으로 규제하는 건 과도한 처사가 아닐까? 게다가 대다수의 현금 없는 매장은 문 앞에 현금 결제가 불가하다는 안내문을 붙여 놔. 소비자는 이 같은 안내를 보고 매장 이용 여부를 결정할 수 있지. 따라서 현금 없는 매장이 소비자의 현금 사용 권리를 침해한다는 주장은 다소 무리가 있어 보여.

현금 없는 매장은 편의를 제공한다는 점에서 오히려 소비자에게 이득이야. 지급수단의 종류가 간소해져 소비자가 물건을 결제하기 위해 대기하는 시간이 줄어들지. 판매자 입장에서도 매출 정산 및 결제 관리가 손쉬워진다는 장점이 있어. 현금 없는 매장을 운영하는 기업은 현금 사용으로 인한 번거로운 과정이 생략됨에 따라 여기에 드는 노동력과 시간을 고객이 받는 서비스의 질을 높이는 데 쓸 수 있다고 말하지.

〈자료 2〉 2023년 상반기 간편 결제 및 간편 송금 이용 현황

한국은행이 발표한 '2023년 상반기 전자 지급 서비스 이용 현황'에 따르면 상반기 하루 평균 간편 결제 서비스 이용 건수는 2,628만 건이었다. 이용 금액은 8,451억 원으로 나타났다. 1년 전과 비교했을 때 이용 건수는 13.4%, 이용 금액은 16.9% 증가했다. 이는 2016년 관련 통계를 작성한 이래 역대 최대 기록이다. 한편 간편 송금 서비스의 하루 평균 이용 건수는 610만 건이었으며, 하루 평균 이용 금액은 7,461억 원이었다. 1년 전과 비교했을 때 이용 건수는 24.2%, 이용 금액은 23.9% 증가했다.

찬성 2

현금 사용이 줄었지만 완전히 사라진 것은 아니야. 현금 없는 매장이 증가하면 일부 계층의 금융 소외 현상이 심화할 거야.

카드와 모바일 간편 결제 이용률이 크게 늘어난 건 사실이야. 그렇지만 여전히 현금을 사용하는 사람들도 많아. 〈자료 3〉을 보면 알 수 있듯 노년층은 디지털 기기 사용이 미숙해 현금 이용률이 높은 편이야. 그런가 하면 카드 발급이나 디지털 금융 거래가 어려운 저소득층, 아동 및 청소년처럼 현금을 주요 지급수단으로 사용하는 사람들도 고려해야 하지. 대다수의 사람이 현금을 사용하지 않는다는 이유로 이 같은 소수자가 금융 거래 과정에서 소외돼서는 안 돼. 현금 없는 매장을 금지해 이들을 적극적으로 보호해야 해.

한편 현금 없는 매장이 아직은 시기상조라는 의견도 많아. 안전성이 확보되지 않았기 때문이지. 갑작스러운 자연재해나 사고로 대규모 정전이 발생했다고 생각해 봐. 그 상황에서 카드나 모바일 간편 결제 서비스는 아무런 기능도 하지 못해. 2021년 한 통신사의 인터넷 장애로 전국적으로 일정 시간 카드 결제가 먹통이 된 적이 있었어. 2022년에는 간편 결제를 비롯해 다양한 온라인 서비스를 제공하는 메신저 플랫폼의 데이터 센터에서 화재가 발생해 모든 기능이 마비되기도 했지. 이 같은 상황을 대비해서라도 언제 어디서든 현금을 사용할 수 있는 사회적 장치가 유지돼야 한다고 봐. 매장에서 카드를 거부하고 현금 결제를 유도하면 법에 따라 처벌받는 것과 달리, 현금 결제 거부는 아무런 처벌을 받지 않는 것도 문제야. 카드뿐 아니라 현금 결제를 거부했을 때도 처벌받도록 하는 규제가 마련돼야 해.

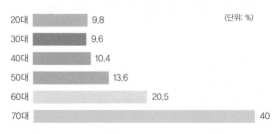

〈자료 3〉 연령대별 현금 결제 이용 비중

연령대	비중
20대	9.8
30대	9.6
40대	10.4
50대	13.6
60대	20.5
70대	40

(단위: %)

출처: 한국은행(2021년)

NO!

현금 없는 매장은 여러 범죄를 예방한다는 이점이 있어. 금융 거래가 투명하게 기록돼 국가 재정 안정화에도 기여해.

현금 없는 매장의 가장 큰 이점은 범죄 예방이야. 현금을 노린 도둑이나 강도가 매장에 들이닥치는 일이 애초에 일어날 수 없으니까 말이야. 〈자료 4〉를 보면 덴마크에서는 2000년에 221건의 은행 강도 사건이 발생한 이후, 현금 거래량과 보유액이 점차 줄어들며 강도 범죄 또한 꾸준히 감소해 2022년에는 단 한 건의 강도 사건도 일어나지 않았다고 해.

또 현금 없는 매장에서는 계산 실수나 지급수단 분실 등의 문제를 신경 쓰지 않아도 돼. 카드나 모바일 간편 결제 서비스 같은 지급수단은 계산 오류가 발생했을 때 전산 기록을 통해 문제를 쉽게 확인하고 해결할 수 있거든. 현금에 비해 잃어버릴 위험도 적은 데다, 만약 분실하더라도 주인을 찾기도 쉽지. 여차하면 사용을 중지해 추가적인 피해를 막을 수도 있고.

한편 현금 없는 매장에서는 금융 거래가 투명하게 기록되기에 세금을 사업자가 번 만큼 명확히 거두어들일 수 있어. 옷 가게나 식당에서 현금으로 계산하면 가격을 깎아 주는 모습을 본 적 있을 거야. 현금으로 취득한 소득은 판매자가 자진 신고 하지 않는 이상 나라에서 파악하기 어려운데, 이 점을 이용해 매출을 실제보다 낮게 신고해 세금을 덜 내는 일이 사회 곳곳에 만연해 있지. 하지만 현금 없는 매장에서는 이 같은 탈세가 일어날 수 없어. 앞서 말했듯 카드나 간편 결제 등 비현금 거래는 모두 카드 회사나 은행 내 전산 시스템에 기록되기 때문이야. 넓게 보면 현금 없는 매장이 국가 재정 안정화에 기여하는 셈이지. 현금 없는 매장의 여러 사회적 이점을 고려할 때 이를 금지하는 건 옳지 않아.

〈자료 4〉 덴마크, 은행 강도 사건 0건 달성

2022년 덴마크에서는 단 한 건의 은행 강도 사건도 발생하지 않았다. 덴마크의 은행 강도 사건은 2000년 221건 발생한 이후 꾸준히 감소했으며 2021년에는 단 한 건만 발생했다. 이처럼 은행 강도 사건이 감소한 결정적인 이유로는 과학기술의 발달로 인한 보안 시스템 강화, 사람들의 현금 사용 감소 등이 꼽힌다. 카드 및 모바일 간편 결제가 증가함에 따라 은행이 보유한 현금 또한 줄어들면서 위험을 무릅쓰고 은행을 습격할 이유가 사라진 것이다.

카드 결제만 가능한 무인 매장이나 프랜차이즈 카페를 흔히 볼 수 있어서 그런지 더 흥미로운 주제였어. 그럼 찬반 의견을 정리해 볼게.

우선 찬성 측은 소비자는 자유롭게 현금을 사용할 권리가 있기에 이러한 권리를 침해하는 현금 없는 매장 운영을 금지해야 한다고 주장했어. 현금 사용이 줄어든 건 맞지만 완전히 사라지지 않았기에 현금 사용에 제한이 있어서는 안 된다고 봤지. 현금 없는 매장이 일부 계층의 금융 소외 현상을 심화시킬 수 있다고도 우려했어.

반대 측은 현금 없는 매장은 소비자의 선택에 따른 자연스러운 결과로 생겨났기에 법으로 규제하는 건 과도하다고 주장했어. 또 결제 대기 시간 감소, 업무 효율성 증가, 범죄 예방, 투명한 금융 거래로 인한 세금 확보 등 현금 없는 매장의 이점이 많다고 덧붙였지.

현금 없는 매장은 많은 사람에게 편리하고 효율적이지만, 다른 누군가에게는 불편함과 소외감을 주는 공간일 수 있어. 여러 의견을 절충해 모두가 소외당하지 않고 편리하게 경제활동을 할 수 있게 되면 좋겠어.

4장

새로운 제도

: 규제냐 자유냐, 더 복잡해진 국가의 역할

대통령 피선거권 나이 제한, 완화해야 할까?

이번 토론 주제는 '대통령 피선거권 나이 제한, 완화해야 하는 가'야. 여기서 '피선거권'이란 선거에 후보자로 나서 당선인이 될 수 있는 권리를 말해.

지난 2021년 6월 만 36세인 이준석 의원이 국민의힘 당 대표로 선출된 이후, 20~30대 젊은 정치인을 중심으로 '만 40세 이상'으로 규정된 대통령 피선거권 나이 제한 조항을 철폐해야 한다는 주장이 제기됐어. 대통령 선거에 출마할 수 있는 자격을 나이로 제한한 것은 차별이며 불공정하다는 뜻에서였지. 이에 반해 대통령의 권한과 역할의 중요성을 고려할 때, 충분한 경험과 연론이 뒷받침돼야 하므로 지금과 같은 최소한의 나이 규정이 유지돼야 한다고 주장하는 사람들도 있어. 친구들 생각은 어때? 대통령 피선거권을 나이로 제한하는 것은 정당한 일일까?

본격적인 토론에 앞서 대통령 선거와 피선거권 나이 제한 규정에 대해 조금 더 자세히 알아보도록 하자. 우리나라의 대통령 선거는 5년마다 치러져. 전국을 하나의 선거구로 하며, 선거에서 가장 많은 표를 얻은 후보자를 대통령으로 선출하는 다수대표제를 채택하고 있지. 대통령 피선거권 나이 제한은 헌법에 명시돼 있어. 헌법 67조 4항에 "대통령으로 선거될 수 있는 자는 국회의원 피선거권이 있고(범죄 등으로 인한 자격 상실의 상태가 아니어야 한다는 의미임) 선거일 현재 40세에 달하여야 한다."라고 규정돼 있거든.

대통령 나이 제한 규정은 이승만 전 대통령이 대통령 선출 방식을 직선제(국민이 직접 선거를 통해 대표를 선출하는 제도)로 바꾸면서 도입됐어. 1952년 제정·시행된 대통령·부통령 선거법에서 "국민으로서 만 3년 이상 국내에 주소를 가진 만 40세 이상의 자는 피선거권이 있다."라고 처음 규정했지. 이후 1962년 박정희 전 대통령이 "대통령으로 선거될 수 있는 자는 국회의원의 피선거권이 있고 선거일 현재 계속하여 5년 이상 국내에 거주하고 40세에 달하여야 한다."라는 내용의 조항을 국민투표를 통해 헌법에 명문화(법률의 조문에 명시함)했고, 지금까지 이어져 오고 있어.

잠깐!

토론 전에 생각해 보기

☐ 대통령이 될 자격을 나이로 제한하는 것은 차별 아닐까?

☐ 청년도 대통령이 될 수 있어야 젊은 세대의 목소리가 정치에 반영되지 않을까?

☐ '대통령 피선거권 나이 제한'에 대한 '나'의 생각은?

도움이 되는 자료들

국회의원 피선거권
하향, 제도 필요

피선거권 나이 제한
해외 사례

찬성 1

대통령 피선거권 나이 제한 규정을
뒷받침할 만한 명확한 근거가 없어.
중요한 것은 대통령 후보의 나이가 아니라
그 사람의 능력이라고 생각해.

대통령 피선거권 나이를 만 40세로 제한하는 규정이 왜 만들어졌으며, 근거가 무엇이고, 어떤 이유로 헌법에까지 삽입됐는지는 명확하게 알려지지 않았어. 1952년 이 규정이 법률화되던 당시 국회 본회의 기록에 따르면 당시 내무부 차관이 "대통령으로 출마할 만한 분은 40세 이상이란 상식에서 나온 것"이라고 답한 것을 볼 때, 나이 규정에 뚜렷한 까닭이나 근거가 없다는 것을 짐작해 볼 수 있어.

이 규정이 헌법에 명시된 지 약 60년이 지났어. 그동안 우리 사회는 크게 변화했고, 국민의 정치 참여나 의식 역시 눈에 띄게 높아졌지. 이에 따라 국민의 요구에 발맞춰 근거가 불분명하며 정당성이 의심되는 대통령 피선거권 나이 제한 규정을 수정·보완하는 것이 합리적이라고 생각해.

대통령 후보에게 가장 중요한 자격은 능력이지 나이가 아니야. 〈자료 1〉을 보면 1950년대 이후 OECD 가입국 정상의 평균 나이가 꾸준히 낮아지고 있다는 걸 알 수 있어. 대통령 후보가 적절한 경험과 역량을 갖췄는지는 그간의 이력과 명확한 자료를 바탕으로 국민 스스로 판단해야 할 일이지, 헌법으로 나이 제한을 두어 규제할 문제가 아니야. 국민이 대통령을 선택할 권리를 넓히기 위해서라도 피선거권 나이 제한 규정은 완화되는 것이 옳다고 봐.

한편 대통령 피선거권 나이 제한 규정이 헌법에 명시된 평등권과 공무담임권(국민 누구나 법률이 정하는 바에 따라 국가 기관원의 자격으로 나라의 공무를 맡을 수 있는 권리)을 침해한다는 의견도 나오고 있어. 여러 면에서 논란을 일으키고 있는 이 규정에 관한 다각적인 검토가 필요해 보여.

〈자료 1〉 OECD 가입국 정상 평균 연령 변화

출처: 한국리서치(2020년)

반대1

대통령은 국가원수이자 행정부 수반으로, 중대한 권한을 가지고 있어. 충분한 경험과 연륜, 국정 운영 능력을 갖춘 사람이 대통령 후보가 돼야 해.

우리나라 대통령은 국민의 직접 선거로 선출돼. 대통령은 국가원수와 행정부 수반의 지위를 동시에 가지며 그에 따른 역할을 수행하는데, 〈자료 2〉에서 알 수 있듯 그 권한이 무척 강해. 이처럼 대통령에게 권한이 집중된 권력 구조의 특성상, 대통령 후보의 연륜과 경력을 고려하지 않을 수 없어. 그러니 최소한의 나이 규정은 마땅히 필요하며, 만 40세라는 현재의 기준이 적당하다고 생각해.

물론 만 40세 미만인 사람 중에도 국가 운영 면에서 뛰어난 능력을 지닌 사람이 있을 수 있어. 하지만 이들이 국가를 대표하고 여러 기관을 통솔하는 대통령으로 활동하기에 충분한 사회 경험을 갖췄다고 보기는 어려워. 이 규정이 헌법에 명문화된 이후 60여 년 동안 이어져 온 데에는, 적어도 만 40세는 돼야 충분한 국정 운영 역량이 생긴다는 공감대가 형성돼 있었기 때문이라고 봐.

한편 대통령 피선거권 나이 제한 규정을 완화하려면 반드시 헌법을 고치는 개헌을 해야 해. 개헌 과정은 매우 복잡한데, 국회 재적 의원 3분의 2 이상의 동의를 받고 국민투표도 거쳐야 하지. 현행 규정을 완화하는 것이 막대한 시간과 비용을 감수할 정도 로 필수적인 일인지 의문이 들어. 피선거권 나이 제한 문제로 소 모적인 논쟁을 벌이는 것보다 체계적으로 정치 인재를 양성하고, 후보자의 자격을 충실히 검증하는 것이 더 중요하지 않을까?

〈자료 2〉 우리나라 대통령의 주요 권한

국가 원수로서의 권한	• 대외적 국가 대표 **조약의 체결 및 비준권**, 외교 사절·신임·접수·파견권, 선전포고 및 강화권 등
	• 국가와 헌법 수호 **국가긴급권**(긴급 제정·경제 처분 및 명령권· 긴급 명령권·계엄 선포권), 위헌 정당 해산 제소권 등
	• 헌법 기관 구성 **대법원장·대법관·헌법 재판소장·헌법 재판소 재판관·감사원장 등 임명권**
	• 국정 조정 **국회 임시회 소집 요구권, 헌법 개정안 제안권, 국민투표 부의권, 사면권 등**
행정부 수반으로서의 권한	• 행정부 지휘·감독 • 국군 통수
	• 공무원 임명과 해임
	• 국무회의 의장으로서 회의 주재 및 중요 정책 최종 결정

대통령 피선거권 나이 제한을 완화하면 청년 세대의 정치 참여율을 높일 수 있을 거야.

외국에는 30대의 나이로 대통령이나 총리에 당선된 사례가 많아. 외국의 젊은 지도자들은 정치적 이념이나 소속 정당의 이익보다 실리를 중요시하는 경향이 강하다는 평가를 받고 있어. 이 같은 젊은 지도자들의 주요 지지층 또한 이념이나 정당 논리에 구애받지 않는 젊은 세대인 경우가 많지.

대통령 피선거권 나이 제한을 낮추거나 없앤다면, 우리나라에도 외국처럼 젊은 지도자가 탄생할 수 있어. 이 같은 새로운 변화는 젊은 정치인이나 청년 세대의 정치 참여를 확대하는 데 도움이 될 거야. 변화와 참여를 원하는 젊은 세대가 늘어난 만큼, 이들이 정치 분야에서도 마음껏 역량을 펼칠 수 있도록 제도적 제한을 완화해야 해.

　한편 대통령 선거권과 피선거권 나이 차이를 더 좁혀야 한다는 의견도 있어. 현재 우리나라는 만 18세가 되면 누구에게나 선거권이 주어져. 2022년 개정된 공직선거법에 따라 전에는 만 25세 이상이어야 했던 국회의원·지방자치단체장·지방의회 의원의 피선거권 연령이 하향되어 지금은 만 18세 이상이면 출마할 수 있게 되었고. 그런데 유독 대통령 피선거권만 만 40세로 규정하고 있는 상황이야. 이에 젊은 세대에게 대통령을 뽑을 권한만 주고, 선거에서 당선인으로 선택받을 권리를 주지 않는 것은 정당하지 않다는 주장이 나오고 있어.

　〈자료 3〉에 따르면 대통령 피선거권 나이 제한을 완화해야 한다는 여론이 근소하지만 앞서고 있다는 걸 알 수 있어. 대통령 피선거권 나이 제한을 낮춰 나이에 상관없이 누구에게나 목소리를 낼 기회를 부여해야 해.

〈자료 3〉 대통령 피선거권 나이 제한 완화에 대한 공감도

잘 모름
4.9

공감함
50.3

공감 안 함
44.8

(단위: %)

출처: 리얼미터(2021년)

반대 2

대통령 피선거권 나이 제한 기준이 우리나라보다 높은 나라도 있어. 또한 모든 젊은 지도자가 긍정적인 평가를 받는 건 아니야.

대통령 피선거권 나이 제한 규정은 우리나라에만 있는 게 아니야. 〈자료 4〉를 보면 대통령에 출마할 수 있는 나이는 프랑스가 18세로 가장 낮고, 미국·브라질·멕시코 등은 35세가 기준임을 알 수 있어. 싱가포르는 45세, 이탈리아는 50세 이상으로, 우리나라보다 나이 기준이 높지.

대통령 피선거권 나이 제한(만 40세)이 국회의원 피선거권 나이 제한(만 18세)보다 높은 것을 비판하는 의견도 있는데, 우리나라처럼 대통령제를 채택한 국가를 비롯해, 총리와 대통령을 함께 선출하는 의원내각제를 시행하는 국가 대부분에서 대통령 출마 자격을 제한하는 나이 기준이 국회의원에 비해 더 높은 편이야.

현재 많은 이들이 정치권의 변화와 함께, 새로운 방식으로 국가를 이끌 젊은 지도자의 탄생을 원하고 있다는 사실을 알아. 하지만 모든 젊은 지도자가 긍정적인 평가를 받는 것은 아니야. 지난 2019년 엘살바도르에서 38세라는 최연소의 나이로 대통령에 당선된 나이브 부켈레가 대표적인 예야. '밀레니얼(1980년대 초 ~2000년대 초 사이에 출생한 세대) 독재자'라고 불리기도 하는 그는 강압적인 통치 방식으로 국제사회에서 논란을 일으켰어. 총을 든 군인과 경찰을 동원해 국회를 압박하는가 하면, 코로나19 이동 금지령을 위반했다는 이유로 수천 명을 불법 감금하기도 했지.

정치권에서는 서둘러 대통령 피선거권 나이 제한을 완화해야 한다는 의견을 내놓고 있는데, 아직은 시기상조 같아. 국민 여론에 철저히 귀 기울이고, 충분히 심사숙고할 시간이 필요해 보여.

〈자료 4〉 주요 국가 대통령 피선거권 연령

나라	정부 형태	대통령 출마 가능 연령	나라	정부 형태	대통령 출마 가능 연령
프랑스	이원집정부제	18세 이상	필리핀	대통령제	35세 이상
핀란드	의원내각제	18세 이상	대한민국	대통령제	40세 이상
아르헨티나	대통령제	30세 이상	독일	의원내각제	40세 이상
멕시코	대통령제	35세 이상	싱가포르	의원내각제	45세 이상
미국	대통령제	35세 이상	이탈리아	의원내각제	50세 이상
브라질	대통령제	35세 이상			

이번 토론 주제는 '대통령 피선거권 나이 제한, 완화해야 하는 가'였어. 어떤 의견이 나왔는지 찬반 의견을 정리해 볼게.

찬성 측은 대통령 피선거권 나이 제한 규정에 뚜렷한 까닭이나 근거가 없다고 주장하며, 해당 규정을 수정·보완해야 한다고 했어. 또 규정을 완화하면 젊은 세대의 정치 참여를 확대할 수 있을 거라고 내다봤지.

반대 측은 대통령에게 많은 권한이 집중된 우리나라 권력 구조의 특성상, 대통령 후보의 연륜과 경험을 고려하지 않을 수 없다며 현재의 기준을 유지해야 한다고 주장했어. 한편 모든 젊은 지도자가 긍정적인 평가를 받는 것은 아니라고 이야기하기도 했지.

최근 청년들이 정치에 활발하게 참여하기 시작하고, 세대교체에 대한 필요성이 대두되면서 대통령 피선거권 나이 제한과 관련한 논쟁은 계속될 것으로 보여. 이 문제가 앞으로 어떤 방향으로 이어질지 함께 지켜보자.

탄소세, 도입해야 할까?

이번에는 '탄소세, 도입해야 하는가'를 주제로 이야기해 보자. '탄소세'란 지구온난화를 방지하기 위해 이산화단소를 배출하는 석유·석탄 등 각종 화석 에너지의 사용량에 따라 부과하는 세금을 뜻해. 지난 2020년, 정부가 탄소 중립(인간 활동에 의한 온실가스 배출을 줄이고, 남은 온실가스는 흡수·제거하여 실질 배출량을 '0'으로 만드는 일)을 선언한 이후 '탄소 중립·녹색 성장 기본법'이 국회를 통과했어. 이에 따라 더 이상 탄소세 도입을 늦출 수 없다는 논의가 활발히 이뤄지고 있지.

탄소세 도입을 찬성하는 측은 탄소 배출에 따른 비용을 부과하면 탄소 배출이 줄어드는 효과를 기대할 수 있으며, 재생에너지(계속 써도 무한에 가깝도록 다시 공급되는 에너지로 태양열, 수력, 풍력, 조력(潮力), 지열(地熱)과 같이 자연계에 존재하는 에너지)와 같은 대체 에너지(석탄, 석유 등 기존의 에너지를 대신할 새로운 에너지) 개발도 활발해질 거라고 반기고 있어. 반면에 탄소세 도입을 반대하는 측은 탄소세가 기업 경쟁력을 약화시키고, 국민 생활비 부담 또한 가중시킬 수 있다며 지적하지.

탄소세 논의는 지구온난화로 인한 기후변화 문제가 심각해지면서 제기됐어. 탄소세는 지구온난화의 주범으로 지목되는 탄소 배출을 강제로 제한하기 위해 마련한 규제책 가운데 하나지.

기후변화란 장기간에 걸쳐 기후가 평균 수준을 벗어나는 것으로 산업화와 도시화로 인한 각종 공해 물질의 발생, 온실가스 배출 증가 등이 주된 원인이야. 기후변화는 전 세계 거의 모든 나라에 영향을 미치고 있는데, 홍수·가뭄·폭설·물 부족·수질 악화·열대 질병 확산·극지방 해빙 등 각종 피해를 불러일으키지. 기후변화 문제를 해결하려면 개인과 국가 모두 노력을 기울여야 해.

한편 국제적 차원에서는 국가 간 기후 협약을 맺는 등 협력을 지속하고, 선진국은 개발도상국에서 발생하는 환경문제를 지원하는 등 전 지구적 상생 방안을 모색해 나가야 해.

잠깐!

토론 전에 생각해 보기

☐ 환경보호와 경제 발전 중 더 중요한 건 뭘까?

☐ 기후변화 문제를 해결할 좋은 방안은 없을까?

☐ '탄소세 도입'에 대한 '나'의 생각은?

도움이 되는 자료들

탄소 중립이란
무엇일까?

정부의 탄소 중립
기본 계획 확정

찬성1

지구온난화 속도를 늦추고 기후변화에
대응하기 위해 하루빨리 탄소세를
도입해야 해.

기상청과 국립기상과학원은 '한반
도 기후변화 전망 보고서 2020'을 통
해 온실가스를 현재와 같은 수준으로
계속 배출할 경우 2040년까지 기온이
1.8도가량, 2100년에는 가속도가 붙어 7도까지 오를 수 있다고
발표했어. 이렇게 되면 오존층이 파괴되고 인류는 폭염, 집중호우
등 심각한 피해를 입게 될 거라고 경고했지. 탄소세가 도입되면
온실가스의 주범으로 지목되는 이산화탄소를 배출하는 화석연
료 가격이 높아질 테고, 가격 부담을 느낀 기업이나 사람들이 화
석연료 사용을 줄이게 될 거야.

2019년 국제통화기금(IMF)은 기후변화에 대응하는 가장 강력

하고 효과적인 정책으로 탄소세를 꼽으며, 2030년까지 온실가스 1톤당 75달러의 탄소세를 부과해야 한다고 주장했어.

탄소세 도입은 세계적인 추세야. 우리나라는 전 세계 평균보다 많은 양의 이산화탄소를 배출하면서도 아직 탄소세를 도입하지 않고 있어. 〈자료 1〉에 따르면 2021년 우리나라의 탄소 배출량은 전 세계에서 열 번째로 높았어. 탄소세가 도입되면 탄소 배출이 기후변화에 미치는 영향에 대한 국민의 인식을 높이고 생활 태도를 개선하는 데 도움을 줄 것으로 기대돼. 한편 유럽연합과 미국이 탄소 국경세(자국보다 이산화탄소 배출이 많은 국가에서 생산·수입되는 제품에 대해 부과하는 관세) 도입을 추진하는 상황에서, 이에 대비하기 위해서라도 탄소세를 도입해야 한다는 의견도 나오고 있어.

〈자료 1〉 국가별 이산화탄소 배출량 순위(절대 배출량 기준)

순위	국가		배출량
1	중국		11,397
2	미국		5,057
3	인도		2,830
4	러시아연방		1,652
5	일본		1,054
6	인도네시아		729
7	이란		691
8	독일		666
9	사우디아라비아		663
10	한국		601
11	캐나다		548
12	멕시코		512
13	브라질		484
14	터키		436
15	남아프리카공화국		404
16	오스트레일리아		392
17	베트남		344
18	이탈리아		338

단위: MtCO$_2$

출처: Global Carbon Atalas(2021년)

반대 1

탄소세를 도입하면 그에 따른 부담을
저소득층이 고스란히 떠안게 될 가능성이
있어.

탄소세는 탄소 배출량
에 부과되는 세금이야. 탄
소세를 내는 주체는 생산
자인 기업이지만, 소비자
인 국민 또한 이로 인한 부담을 떠안게 될 것으로 보여. 탄소세를
내야 하는 기업이 에너지·상품 가격을 올릴 것이기 때문이야.

특히 생활 필수 요소 가운데 에너지가 가장 큰 문제가 될 거라
고 보이는데, 이로 인해 소득 역진(반대 방향으로 나아감) 효과가 뒤
따를 것으로 우려돼. '탄소세 역진 효과'란 탄소세 도입으로 인한
가격 상승이 극빈자에게 가장 심한 영향을 끼쳐서, 이전에도 에
너지를 충분히 사용하지 못하던 저소득 집단에서 에너지 소비량

이 줄어드는 현상을 뜻해. 에너지 소비를 줄이면 삶의 질이 저하될 테고, 소득의 상당 부분을 에너지 사용에 지출하느라 생계가 어려워질 가능성도 크지.

실제 외국에서는 국민의 반대로 탄소세가 폐지되거나 인상이 유예된 사례가 있어. 호주에서는 2012년 도입했던 탄소세를 2년 만에 폐지했어. 탄소세 부과에 부담을 느낀 기업들이 에너지 요금을 올리면서 사회적으로 탄소세 폐지를 요구하는 의견이 거세졌기 때문이야. 또 2014년 탄소세를 도입한 프랑스의 경우 2018년 탄소세율을 더 인상하려다 국민의 격렬한 저항으로 유예했지.

우리나라에서는 아직 탄소세 도입과 관련해 충분한 사회적 논의가 이뤄지지 않았어. 이런 상황에서 섣불리 탄소세가 도입되면 큰 혼란이 일어날 게 분명해.

〈자료 2〉 저항에 직면한 탄소세

프랑스는 2017년 당시 이산화탄소를 1톤씩 배출할 때마다 약 4만 원의 세금을 부과했으며, 2030년까지 탄소세를 계속 올릴 것을 계획하고 있었다. 이에 2018년 높아진 탄소세율을 적용해 유류세(휘발유 등의 기름 종류에 매기는 세금)를 올렸고, 2019년에도 인상할 예정이었다. 이 같은 조치에 프랑스 국민은 저항하고 나섰으며, 특히 파리 외곽에서 시내로 출퇴근하는 저소득층이 크게 반발했다. 대중교통 시설이 미비해 자가용을 타야만 하는 이들에게 탄소세 인상은 큰 부담으로 다가왔기 때문이다. 2018년 11월, 많은 프랑스 국민은 노란 조끼를 입고 탄소세 인상과 세금 정책을 반대하며 격렬한 시위를 벌였다. 상황이 심각해지자 프랑스 정부는 2018년 12월 탄소세를 적용한 유류세 인상 계획을 유예하기에 이르렀다.

찬성 2

탄소세 도입 과정에서 다른 분야의 세금을 인하하는 등 적절한 조세정책을 펼친다면 국민과 기업의 부담을 줄일 수 있을 거야.

탄소세 도입을 두고, 이것이 세금을 더 거두기 위한 수단이 아니냐는 비판의 목소리와 함께 기업 경쟁력 저하를 우려하는 지적이 나오고 있어. 하지만 탄소세 도입의 궁극적인 목적은 탄소 배출을 줄이는 것이라는 점을 알아줬으면 해.

탄소세는 1990년 핀란드에서 처음 도입됐어. 이후 스웨덴(1991년)·덴마크(1992년)·독일(1994년)·스위스(2008년)·아일랜드(2010년)·일본(2012년) 등으로 확산됐지. 이 중 핀란드·스웨덴·덴마크 등이 탄소세 도입의 성공 사례로 꼽히는데, 이들 모두 도입 당시 적절한 조세정책을 펼쳐 국민의 반발과 혼란을 막았어.

핀란드는 탄소세가 급격히 오르는 것을 막기 위해 탄소세율을 일부 인하했어. 스웨덴은 탄소세를 도입하면서 법인세(법에 의해 권리 능력이 부과되는 기업이나 단체 등에 부과하는 세금)를 대폭 삭감하고 저소득층과 중산층의 소득세(개인이 한 해 동안 벌어들인 돈에 대해 액수별 기준에 따라 매기는 세금)를 감면해 균형을 맞췄지. 그 결과 지난 25년 동안 온실가스 배출을 23% 줄이면서, 55%의 경제 성장도 이뤄 냈다고 해. 덴마크 역시 탄소세를 도입하면서 기존의 에너지세를 인하했어. 이 같은 해외 사례를 참고해 제도를 수정·보완한다면, 큰 혼란 없이 탄소세를 도입할 수 있지 않을까?

한편 탄소세를 통해 늘어난 세금을 국민을 위해 사용하는 방법도 있어. 〈자료 3〉과 같이 탄소세를 활용해 기본소득(모든 사회 구성원에게 무조건적으로 지급하는 소득)을 지급하자는 법안이 그 예야. 우리보다 먼저 탄소세를 도입한 몇몇 나라들도 탄소세로 거둔 세금을 저소득층 지원이나 복지 향상을 위해 사용하고 있어.

〈자료 3〉 국회에 발의된 탄소세 도입 법안

2020년 3월 용혜인 기본소득당 의원이 국회에 탄소세 도입 법안을 발의했다. 온실가스 배출량에 따라 탄소세를 부과하고, 이를 통해 거둔 세금을 모든 사람에게 기본소득 개념으로 동일하게 분배해 국민의 부담을 줄이자는 것이 주요 내용이다. 2018년 기준 우리나라의 온실가스 총 배출량은 7억 톤 정도로, 온실가스 1톤당 8만 원의 탄소세를 부과하면 연간 57조 원의 세금을 거둬들일 수 있다. 이는 전 국민에게 매달 10만 원의 기본소득을 줄 수 있는 금액이다.

반대 2

탄소세가 도입되면 기업 경쟁력 및 경제 성장이 둔화될 거야. 또한 탄소세는 이중 규제라는 지적도 있어.

우리나라는 산업구조 특성상 제조업, 그중에서도 반도체·철강·정유·석유화학 등 이산화탄소 배출량이 많은 업종의 비중이 다른 나라보다 높아. 이러한 상황에서 탄소세가 도입되면 각 산업의 생산원가가 오르고, 이에 따라 기업의 경쟁력이 약화될 우려가 있어. 여러 기업이 흔들리면 우리나라의 경제성장도 둔화될 거야. 여기에 더해 탄소세 부담에 어려움을 느낀 기업들이 공장 등 생산 기반 시설을 탄소세 규제가 약하거나 없는 다른 국가로 옮기는 현상도 발생할 수 있지.

〈자료 4〉에서 확인할 수 있듯, 이미 많은 기업이 탄소 배출권을 사느라 큰 비용을 쏟고 있는데 탄소세까지 부과하는 건 이중 규제야. 탄소 중립의 필요성은 이해하지만, 정부 차원의 기술 개발이나 투자 지원 없이 규제만 강화하는 것은 지나치다고 봐.

한편 탄소세의 실효성을 의심하는 의견도 나오고 있어. 이미 많은 기업이 온실가스를 줄이기 위해 다양한 노력을 기울이고 있기 때문에 추가적인 감축 여력이 크지 않을 거란 분석이지.

'2020 OECD 한국 경제 보고서'에 따르면 우리나라에서 1차 에너지(원유, 석탄, 천연가스, 또는 수력이나 원자력처럼 변화·가공하기 이전의 천연자원 상태에서 공급되는 에너지) 공급 가운데 재생에너지의 비중은 2%에 불과해. 탄소세 도입만 주장하기보다는 재생에너지·대체에너지를 확보·연구하고, 탄소 배출권 거래제를 효율적으로 개선하는 등 다른 방안을 시도해 볼 필요가 있어.

〈자료 4〉 탄소 배출권 거래제

탄소 배출권은 1997년 교토 의정서(기후변화 협약)를 통해 시행됐다. 교토 의정서는 지구온난화 규제와 방지를 위해 선진국의 온실가스 감축 목표치를 규정한 국제 협약이다. 교토 의정서에 의하면 지구온난화를 일으키는 6대 온실가스는 이산화탄소, 메탄, 아산화질소, 수소불화탄소, 과불화탄소, 육불화황으로 규정됐으며, 이 중 이산화탄소의 비중이 가장 높다. 교토 의정서 가입국들은 2012년까지 이산화탄소 배출량을 1990년 대비 평균 5% 정도 줄이기로 합의했으며, 이를 이행하지 못한 국가나 기업은 탄소 배출권을 사도록 했다. 이산화탄소 배출량을 줄이는 데 성공한 국가나 기업은 감량한 만큼 탄소 배출권을 팔 수도 있다. 이렇게 탄소 배출권을 사고파는 것을 '탄소 배출권 거래제'라고 한다. 우리나라는 2015년부터 탄소 배출권 거래제를 시행하고 있다.

오늘 어떤 의견들이 나왔는지 살펴보자.

먼저 찬성 측은 기후변화에 따른 인류의 피해를 막기 위해 탄소세를 도입해야 한다고 했어. 탄소세가 도입되면 화석연료의 가격이 높아지기에 사용을 줄이게 될 거라는 의견이지. 또 탄소세 도입 과정에서 다른 분야의 세금을 인하하는 등 적절한 조세정책을 펼친다면 국민과 기업의 부담을 줄일 수 있다고 주장했어.

이에 반대 측은 탄소세를 도입하면 에너지·상품 등의 가격이 오를 수밖에 없으며, 이로 인한 부담은 저소득층에게 고스란히 전달될 거라고 했어. 또 탄소세 도입으로 기업 경쟁력이 약화되고 경제 성장 또한 둔화될 수 있다며 우려했지. 한편 이미 탄소 배출권 거래제가 시행되고 있기에 탄소세까지 부과하는 건 이중 규제라고 지적하기도 했어.

지구온난화로 인한 더 큰 피해를 막기 위해서라도 반드시 탄소 배출량을 줄여야 해. 국민과 기업 모두 만족할 수 있는 현명한 방법을 찾기 위해 모두 힘을 모았으면 좋겠어.

도시의 고도 제한 규제, 완화해도 괜찮을까?

최근 서울시에서 고도지구 제한을 완화하겠다고 나섰어. 고도 지구란 쾌적한 도시 환경을 조성하고 토지를 효율적으로 이용하기 위해 건축물 높이를 규제하는 지역을 말해. 건물의 최저 높이를 제한하는 최저고도지구와 최고 높이를 규정하는 최고고도지구로 나뉘는데, 현재 우리나라에서는 최고고도지구만 규제하는 중이지. 이 때문에 일반적으로 고도지구 하면 최고고도지구를 의미하곤 해.

서울시의 경우 1972년 남산 성곽길 일대를 시작으로 현재 여덟 곳의 고도지구를 지정해 관리하고 있어. 과거 조선의 도읍이

자 현재 대한민국의 수도인 서울은 각종 문화재와 대통령 집무실 같은 주요한 국가기관이 많아 고도 제한이 엄격한 편이었지. 경기도의 몇몇 도시와 제주 등에서도 고도 제한 완화와 관련된 논의가 이어지고 있지만, 현재 실질적으로 고도 제한 완화가 결정된 곳은 서울시뿐이야. 그래서 이번 토론은 서울시를 중심으로 진행하려 해.

토론에 앞서 고도지구가 언제 어떤 목적으로 만들어졌는지 알아볼게. 국가가 건물 높이를 규제하기 시작한 건 건축 기술이 발달함에 따라 고층 건물이 대중화되면서부터야. 알다시피 농촌 인구가 도시로 집중되면서 도시의 인구밀도가 높아졌고, 제한된 공간을 효율적으로 이용하기 위해 고층 건물이 건설되기 시작했지.

우리나라의 경우 본격적으로 산업화가 이뤄진 1965년에 고도지구 규정을 만들었어. 이후 사회의 변화에 발맞춰 세부직인 기준을 바꾸어 왔지. 고노시구토 지정되는 곳은 대개 공원·산처럼 도시경관에 지대한 영향을 미치는 지역이거나 문화재 및 역사적 가치가 있는 시설물과 그 주변 지역이야. 이 외에도 도로·상하수도의 규모를 고려해 인구를 제한할 필요가 있는 곳이나 시가지(도시의 큰 길거리를 이루는 지역) 내에서 바람 통로 역할을 하는 곳도 고도지구로 지정되곤 하지. 최대한 많은 사람이 도시의 자연경관과 문화재를 감상하고, 최적의 주거 환경을 유지하도록 하는 데 중점을 두는 거야.

잠깐!

토론 전에 생각해 보기

☐ 개발과 보존 중 어느 쪽에 더 가치를 두어야 할까?

☐ 도시의 고도 제한을 풀면 어떤 문제가 생겨날까?

☐ '도시의 고도 제한 규제 완화'에 대한 '나'의 생각은?

도움이 되는 자료들

33년 만에 풀린
고도 제한 규제 완화

문화재 보호와 규제
완화 문제

찬성1

고도 제한이 완화되면 고도지구 주민들의
주거 환경이 개선될 거야. 그들의 재산권도
온전히 보호받을 수 있겠지.

고도 제한 완화는 해당 지역 주민의 주거 환경을 개선하는 데 큰 도움이 될 거야. 서울시의 고도지구 규제는 1970년대에 시작돼 지금까지 유지됐어. 그 결과 규제 없이 자유롭게 개발이 진행된 지역과 고도지구 간의 격차가 심해졌지. 기존 건물을 허물고 새롭게 높은 건물을 지어야 건설사나 관련 업체가 큰 수익을 얻을 텐데, 이를 기대할 수 없으니 개발 사업이 잘 이루어지지 않은 거야.

개발이 지지부진한 사이 주민들은 낙후된 주거 환경 속에서 불편을 겪게 됐어. 낡은 건물에서 살며 각종 안전사고에 노출되고 있지. 어떤 집은 노후화된 수도관 때문에 녹물이 나오는가 하면, 건물 주변에 주차 공간이 부족하고 골목길이 좁아 통행에 불편을 겪는 집도 있지. 소방차가 들어오지 못해 위급 시 제대로 된 대처가 어려운 일도 이따금 발생하고 말이야. 이 모든 불편은 지역 주민들의 생활 만족도를 크게 떨어뜨려. 낙후된 주거 환경으로 사람들이 지역을 떠나는 문제로 이어지기도 하지. 주민들의 불편을 개선하기 위해서라도 고도 제한은 꼭 완화돼야 해.

또 규제 완화는 해당 지역 주민들의 재산권(경제적 이익을 목적으로 하는 권리)을 보호하는 데에도 긍정적인 역할을 할 거야. 지금까지 주민들은 규제에 막혀 높은 건물을 지을 기회를 빼앗겼어. 도심의 건물이나 아파트 한 채가 지니는 경제적 가치를 생각하면 주민들의 손해가 얼마나 클지 이해가 갈 거야.

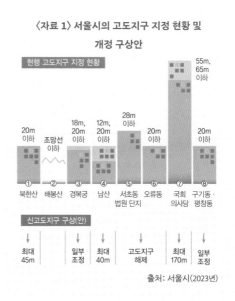

〈자료 1〉 서울시의 고도지구 지정 현황 및 개정 구상안

출처: 서울시(2023년)

NO!

주택 보수·도로 정비 등을 통해 주거 환경을 개선할 수 있어. 고층 건물이 급격히 늘면 일조권 및 조망권 분쟁이 증가할 거야.

고도지구 주민들의 주거 환경이 개선돼야 한다는 의견에는 공감해. 하지만 고도 제한 완화가 그 지역의 주거 환경을 나아지게 하는 유일한 방안은 아니야. 주택 보수나 도로 정비 등을 통해서도 주거 환경을 충분히 개선할 수 있어. 개발 기회가 제한돼 고도지구 주민이 입는 피해의 경우, 건물 개보수 비용을 지원하거나 세금 감면 혜택을 줘서 보상하면 어떨까 싶어.

고도 제한 완화로 지역 개발이 이루어지면 많은 주민이 이득을 볼 거라는 찬성 측 주장은 장밋빛 환상에 불과하다는 생각이 들어. 과연 개발 이익이 실제 고도지구에 사는 사람들에게 골고루 돌아갈까? 집을 소유한 소수에게만 이익이 집중되고, 세입자처럼 실제로 그 지역에 거주하지만 집을 소유하지 못한 다수의 주민은 올라간 집값을 감당하지 못해 삶의 터전을 잃을 수도 있어.

또 고도 제한이 완화돼 고층 건물이 우후죽순 들어서면 일조권(태양 빛을 확보할 수 있는 권리)과 조망권(먼 곳을 바라볼 수 있는 권리) 관련 분쟁이 늘어날 거야. 〈자료 2〉처럼 현재 우리나라의 주요 도시에서는 일조권과 조망권 분쟁이 심심찮게 발생하고 있어. 복잡한 도심에 고밀도 개발이 이루어지면서 시민들이 이 같은 권리를 침해받는 일이 잦아졌지. 일조권·조망권 등이 사람들의 삶에 큰 영향을 미치는 점을 고려할 때, 이러한 권리를 고루 보장하지 못하는 지역의 주거 환경이 좋다고 말할 수 있을지 의문이 들어. 무턱대고 규제를 완화했다가 사회적인 갈등만 키우지 않을까 우려돼.

〈자료 2〉 일조권 및 조망권 분쟁 사례

2023년 3월 서울 강남역 인근 한 아파트에 '암흑에서 구해 달라'는 내용의 현수막이 걸렸다. 이 아파트와 5~10m 거리를 두고 18층 높이 오피스텔의 건축 허가가 나면서, 일조권 침해를 우려한 주민들이 항의 표시를 한 것이다.
이뿐만 아니라 같은 해 7월 부산 해운대구에서는 지역에 초고층 실버타운이 들어서는 걸 반대하는 집회가 열리기도 했다. 집회에 참석한 지역 주민들은 건물 건축을 반대하는 이유로 인근 아파트 및 학교의 일조권·조망권 침해를 들었다.

찬성 2

높고 다채로운 건축물은 도시경관의 매력을 더할 거야. 이에 따라 도시의 경쟁력도 올라갈 것으로 예상돼.

고도 제한이 완화되어 다양한 디자인의 고층 건물이 들어서면 서울에 새로운 스카이라인이 형성될 거야. 현대적인 매력을 지닌 도시경관을 갖추게 되는 거지. 뉴욕, 홍콩, 싱가포르 같은 도시의 모습을 떠올려 봐. 각기 다른 매력을 지닌 고층 건물 그리고 그 건물들이 모여 만들어진 스카이라인이 도시를 대표하는 랜드마크로 자리 잡아 관광객을 모으고 있잖아. 고도 제한을 완화하면 서울도 앞선 도시 못지않은 스카이라인을 자랑하는 관광지가 될 거야.

사실 고도지구인 경복궁 및 남산 일대의 구도심은 지나치게 낡은 건물이 많아 전체적인 도시경관을 해친다는 인상을 받을 때가 있어. 문화재 및 산 주변의 경관은 멋지게 보존돼 있지만, 주거 시설이나 상업 시설이 노후화돼 전체적인 지역의 이미지가 나빠 보이는 거지. 고도 제한은 구도심의 이미지를 망치고 발전을 막는 장애물에 불과해. 규제를 완화해 구도심이 새롭게 탈바꿈할 기회를 제공해야 하지. 이를 통해 구도심과 신도심이 잘 어우러지는 균형적인 도시 개발을 도모하는 거야.

〈자료 3〉을 보면 문화재나 역사적 건축물이 많기로 유명한 해외 도시에서도 경제 발전을 위해 고도 제한을 완화했다는 걸 알 수 있어. 산업화·세계화 등 다양한 이유에서 도시는 변화를 피할 수 없어. 이를 법으로 규제하는 것에도 한계가 존재하지. 우리나라도 도시의 균형 있는 발전과 경제 활성화를 위해 과감한 결정을 할 시기가 되었다고 봐.

〈자료 3〉 해외의 고도 제한 완화 사례

1973년 프랑스 파리에 200m 높이의 초고층 빌딩 몽파르나스 타워가 들어서자, 이를 두고 '검은 묘비'라는 비판이 쏟아졌다. 여론이 악화되자 시 당국은 1977년 파리 도심 건물의 높이를 37m로 제한했다. 그러다 2010년 들어 경제 발전을 위해 도시 중심부는 50m, 외곽 지역은 180m로 고도 제한을 완화했다.

일본 도쿄는 1920년 도시 경관 보호를 위해 일왕의 거처인 고쿄 주변 건축물의 높이를 31m로 제한했다. 하지만 2002년 경제 활성화를 목적으로 고쿄 근방에 위치한 도쿄역 인근을 도시 정비 지역으로 지정하고, 고쿄와의 거리에 따라 150~200m까지 고도 제한을 풀었다.

반대 2

고층 건물이 무분별하게 들어서면 도시경관을 해칠 거야. 도시경관은 시민 모두가 누려야 할 공공의 재산이기도 해.

고도 제한이 완화되면 고층 건물이 무분별하게 들어서 도시 경관을 망치고 말 거야. 경복궁이나 덕수궁 주변에 고층 건물이 빽빽하게 들어서 있다고 생각해 봐. 숨이 턱턱 막히지 않니? 건물에 가려 문화재의 모습이 잘 보이지 않는 건 물론, 빛이나 바람이 잘 들지 않아 나무로 만들어진 문화재의 경우 손상될 가능성도 커.

사실 문화재나 역사적인 건축물 인근에 있는 건물의 높이를 제한하는 건 세계적으로 흔한 일이야. 영국 런던의 랜드마크인 빅벤, 이탈리아 로마를 대표하는 문화재 콜로세움 주변에 고층 건물이 들어서지 않는 것도 고도 제한 때문이지. 앞서 찬성 측은 고도 제한을 완화한 해외 도시의 사례를 들었는데, 이는 극소수에 불과해.

남산이나 한강 같은 자연경관도 마찬가지야. 자연과 랜드마크가 어우러진 도시경관은 시민 모두가 함께 누려야 할 공공재(도로, 공원처럼 모든 사람이 공동으로 이용할 수 있는 물건 또는 서비스)야. 고도지구를 지정하는 것도 도시경관의 이런 특성 때문이지. 하지만 이곳에 고층 건물이 무분별하게 들어선다면, 도시경관은 고층 건물에 사는 특정 소수만 누리는 특권이 되고 말 거야. 〈자료 4〉를 보면 서울시가 그동안 도시경관이 지닌 공공재로서의 가치를 지키기 위해 얼마나 노력해 왔는지 알 수 있어. 규제를 푼다면 지금까지의 노력이 물거품으로 돌아가는 셈이지. 문화재와 자연경관이 모조리 고층 건물에 가려진 빌딩 숲 서울이 과연 세계적인 관광지, 매력적인 거주지로서 경쟁력을 가질 수 있을까?

〈자료 4〉도시경관을 위해 폭파된 남산 외인아파트

경제 개발 정책이 한창이던 1960년대 우리나라는 선진 기술을 배우기 위해 외국인 기술자를 초청하는 일이 잦았다. 정부는 이들을 위해 서울 남산 기슭에 외국인 전용 아파트(외인아파트)를 지었다. 두 개의 동이 각각 16층, 17층에 달하는 고급 아파트였다. 그런데 1990년대 들어 이 아파트가 남산의 경관을 해친다는 비판이 나오기 시작했다. 남산이 본모습을 찾아야 한다는 의견에 힘이 실리자, 정부는 결국 1994년 이 아파트를 폭파했다. 현재 이곳에는 야외 식물원이 조성돼 있다.

오늘도 양측의 주장이 치열하게 맞섰어. 어떤 의견이 나왔는지 다시 한번 살펴보자.

먼저 찬성 측은 고도 제한 완화로 해당 지역 주민의 주거 환경을 개선할 수 있으리라 내다봤어. 또 다양한 디자인의 고층 건물이 들어서면서 새로운 도시경관이 만들어지고, 도시 경쟁력도 올라갈 거라고 주장했지.

이에 반대 측은 고도지구 주민의 주거 환경은 주택 개보수·도로 정비 등을 통해서도 충분히 개선할 수 있다고 주장했어. 고층 건물이 부분별히게 들어서면 많은 시민이 일조권과 조망권 등을 침해당해 생활에 불편을 겪을 것이라고 우려했지. 또 전체적인 도시경관을 해칠 가능성도 크다고 덧붙였어.

고도 제한 완화는 수많은 사람의 삶에 직간접적인 영향을 미칠 거야. 앞으로 이 문제가 우리 사회에 어떤 변화를 가져올지 관심을 가지고 지켜보자.

의사 조력 자살, 허용해야 할까?

인간의 삶은 탄생에서 시작해 죽음으로 끝나. 인간의 자연적인 탄생과 죽음은 스스로 선택할 수 있는 영역이 아니야. 하지만 자살이나 안락사 같은 죽음은 예외지.

오래전부터 '인간이 죽음을 선택하는 것'이 윤리적으로 옳은가를 두고 논의가 이어져 왔어. 그러다 지난 2022년, 회복 가능성이 없는 환자가 스스로 죽음을 결정할 수 있도록 하는 내용의 일명 '조력 존엄사 법안'이 국회에서 발의되면서 다시 한번 뜨거운 논란이 일었지. 임종을 앞둔 말기 환자 본인이 희망할 경우 담당 의사의 조력을 받아 삶을 종결할 수 있게 해야 한다는 것이 이 법안의 주요 내용이야.

이에 찬성하는 측은 끔찍한 고통에 시달리는 환자가 삶을 존엄하게 마감할 수 있도록 자기 결정권을 존중해야 한다고 주장해. 반면에 반대 측은 관련 법이 제정되면 생명 경시 풍조가 확산할 거라며 우려하지.

의사 조력 자살, 안락사, 조력 존엄사 등 극심한 고통을 겪는 말기 환자가 의사의 도움을 받아 삶을 끝내는 형태의 죽음을 가리키는 용어들이 많아. 의사 조력 자살이란 의사로부터 죽음에 이르게 하는 약물을 처방받아 환자가 직접 복용하거나 투약하는 방법으로 삶을 종결하는 행위를 뜻해. 안락사는 의사가 환자에게 약물을 직접 투약하거나 연명 의료(치료 효과는 없지만 환자가 목숨을 겨우 이어 가도록 하는 처치나 시술)를 중단해 환자의 조기 사망을 유도한다는 점에서 의사 조력 자살과 차이가 있지.

한편 의사 조력 사살을 가리켜 '조력 존엄사'라고 표현하는 경우도 많아. 존엄사의 사전적 정의는 인간으로서 지녀야 할 최소한의 품위를 지키면서 죽는 행위를 말해. 그런데 실제로 의학계에서는 존엄사라는 용어를 사용하지 않아. 조력 존엄사는 결국 의사의 도움을 통한 자살을 순화시킨 용어로, 이처럼 의미가 불분명한 용어를 쓰기보다는 정확한 명칭으로 불러야 한다는 이유에서지. 그래서 이번 토론에서는 의사 조력 자살이라는 용어만 사용하려 해.

잠깐!

토론 전에 생각해 보기

☐ 사람에게 스스로 죽음을 결정한 권리가 있을까?

☐ 죽음을 선택할 권리를 인정했을 때의 문제점은
뭘까?

☐ '의사 조력 자살 허용'에 대한 '나'의 생각은?

도움이 되는 자료들

존엄하게 죽을 권리에
대한 논쟁

존엄사 논의 시작한
헌법재판소

YES!

삶이 중요하듯 죽음 또한 매우 중요해.
개인이 스스로 존엄한 죽음을 선택할 수
있도록 자기 결정권을 존중해야 해.

죽음에 관한 자기 결정권을
보장하기 위해 의사 조력 자살
을 허용해야 해. 헌법에서 자기
결정권은 개인의 사적인 부분에
관해 국가로부터 간섭받지 않고 스스로 결정할 수 있는 권리를
의미해. 헌법 제10조에 따르면 "모든 국민은 인간으로서의 존엄
과 가치를 가지며, 행복을 추구할 권리를 가진다."라고 규정되어
있어. 모든 사람이 신체와 생명에 관한 권리를 갖는 것처럼, 죽음
에 관한 권리도 지닌다고 생각해. 치료 불가능한 질병에 시달리며
하루하루 고통 속에 살아가는 환자들이 인간다운 죽음을 선택
할 수 있어야 한다는 뜻이야. 조금이라도 더 오래 산다고 마냥 좋

은 게 아니라 어떻게 사는지가 중요하잖아. 완치할 수 없다는 사실을 알면서도 매일 같이 극심한 통증을 견디는 것이 얼마나 고통스러울지 우리는 감히 상상할 수 없어.

의사 조력 자살을 대하는 여론 역시 대체로 긍정적이야. 〈자료 1〉에 따르면 우리 국민 81%가 의사 조력 자살을 찬성한다는 의견을 밝혔어. 주된 찬성 이유로는 '자기 결정권을 보장하기 위해(25%)', '품위 있는 죽음에 대한 권리를 위해(23%)' 등이 꼽혔지.

현재 우리나라에서 질병 관련 사망자 대다수가 병원에서 생을 마감하고 있어. 사망자 네 명 가운데 세 명은 집이 아니라 병원에서 숨진다고 해. 국립암센터의 조사에 따르면 국민의 약 60%는 집에서 가족이 지켜보는 가운데 임종하기를 원한다고 밝혔지만, 많은 환자가 치료에 매달리다가 삶을 미처 정리하지 못한 채 죽음을 맞이하는 상황이지. 환자에게 곧은 정신으로 삶을 스스로 마감할 기회를 주어야 한다고 생각해.

〈자료 1〉 의사 조력 자살 관련 설문 조사

매우 반대 3
반대 16
매우 찬성 20
찬성 61

(단위: %)

출처: 한국리서치(2022년)

반대1

개인의 의지에 따라 죽음을 인위적으로 앞당길 수 있다면, 생명 경시 풍조가 확산하지 않을까 걱정돼.

자살은 금기시되는 일이야. 의사 조력 자살은 용어 그대로 의사가 환자의 자살을 도울 수 있다는 점에서 토입을 신중하게 고민해야 해. 〈자료 2〉에서 알 수 있듯이 우리나라의 자살률은 매우 높은 상황이야. 이에 정부는 자살 예방 정책 강화를 통해 2027년까지 자살률을 18.2명 수준으로 30% 낮추겠다는 목표를 세웠어. 의사 조력 자살 허용은 현행 자살 예방 정책의 입법 취지와 충돌해.

한편 의사 조력 자살을 합법화하면 생명 경시 풍조가 만연해질 위험이 있어. 질병으로 인한 고통에서 벗어나려는 이유라고 해도, 자살로 삶을 마무리하는 행위를 존엄한 죽음이라 인정하고 법적으로 허용한다면 사회적으로 큰 혼란이 생길 거야. 특히 치료·간병 비용을 감당하기 어려운 저소득층 환자나 노인들에게 의사 조력 자살을 권유하거나 조장하진 않을까 걱정이야. 자칫 경제적·사회적 압력에 의해 환자가 죽음을 강요당하는, '사회적 타살'이 우려된다는 뜻이야. 또 자식들에게 부담을 주지 않기 위해 원치 않음에도 죽음을 선택하는 사람도 생길 수 있지.

2022년에 발의된 의사 조력 자살 관련 법안은 임종을 앞둔 환자에게만 조력 자살을 허용하고 있어. 연명 의료 중단을 허용하는 기존 법을 보완했다고 하지만 의사 조력 자살은 인위적으로 생명을 단축하는 행위이며, 윤리적으로도 의학적으로도 연명 의료 중단과는 전혀 다른 개념이야. 완전히 새로운 개념으로 정의를 다시 하고 사회적 논의를 거치는 것이 옳아.

〈자료 2〉 우리나라의 자살률

통계청이 발표한 '국민 삶의 질 2023' 보고서에 따르면 2022년 우리나라 자살률은 인구 10만 명당 25.2명으로, 전체 자살자 수는 1만 2,906명을 기록했다. 인구 10만 명당 자살률은 2000년 13.7명에서 2011년 31.7명으로 급증한 이후 감소 추세를 보였으나, 2017년부터 다시 증가하는 추세다. 우리나라의 자살률은 다른 나라와 비교해 월등히 높은 편이다. 2020년 기준 경제협력개발기구(OECD) 가입국 가운데 우리나라의 자살률은 10만 명당 24.1명으로 가장 높았다. OECD 국가 중 자살률이 가장 낮은 그리스가 3.5명인 걸 감안하면 우리나라의 자살률은 매우 심각한 상태라고 할 수 있다.

YES!

찬성 2

말기 환자의 무의미한 연명 의료는 본인과 가족에게 큰 부담이야. 의사 조력 자살을 허용하면 사회적 부담을 줄일 수 있어.

고령화 사회에 진입하면서 의사 조력 자살에 대한 사회적 관심이 높아졌어. 의사 조력 자살을 허용하는 것이 사회적으로 더 이익이라는 주장도 나오지. 더 이상 치료가 불가능한 환자의 생명을 그저 연장하는 것은 환자뿐만 아니라 그 가족에게도 신체적·정신적·경제적으로 큰 부담이며, 자칫 간병 살인·간병 자살('간병 살인'은 오랜 간병 생활에 지친 간병인이 피간병인을 살해하는 것, '간병 자살'은 간병인 스스로 목숨을 끊는 일) 같은 비극적인 사건으로 이어져 사회적 이익을 해칠 수 있다는 점에서야. 환자의 인간다운 죽음과 환자 가족의 남은 삶을 위해 의사 조력 자

살을 긍정적으로 바라볼 필요가 있어.

2016년 연명 의료 결정법이 마련되면서, 2018년부터 치료의 의미가 없고 임종이 임박한 환자의 경우 미리 작성해 둔 '사전 연명 의료 의향서(연명 의료를 거부하겠다는 의사를 표시한 문서)' 또는 가족 간 합의를 통해 연명 의료를 중단할 수 있게 됐어. 하지만 이 법은 존엄한 죽음과는 거리가 있다는 비판을 받았어. 환자 본인이 사전 연명 의료 의향서를 작성했더라도 가족이 원하는 경우 연명 의료를 이어 갈 수 있기 때문이야. 또 연명 의료를 중단하더라도 현행법상 물·산소·영양 공급은 유지해야 하지. 이렇듯 현행 법의 한계를 극복하기 위해서라도 의사 조력 자살을 허용해야 해.

외국의 사례는 어떨까? 〈자료 3〉을 보면 여러 나라에서 의사 조력 자살을 허용하고 있음을 알 수 있어. 이들 외에 의사 조력 자살 허용을 검토 중인 나라도 여럿이지. 해외 사례를 참고해 제도적인 보완 방안을 마련하고, 치료 불가능한 말기 환자로 대상 자격을 엄격하게 관리한다면 큰 문제 없이 시행할 수 있을 거야.

〈자료 3〉 외국의 안락사 및 의사 조력 자살 법제화 현황

스위스	의사 조력 자살 허용
네덜란드·벨기에·캐나다	적극적 안락사와 의사 조력 자살 허용
룩셈부르크	적극적 안락사 허용
미국·오스트레일리아·뉴질랜드	일부 주에서 의사 조력 자살 허용

반대 2

의사 조력 자살이 허용되면 완화 의료
분야가 위축될 거야. 호스피스를 늘리고 완화
의료 시스템을 개선하는 것이 우선이야.

의사 조력 자살 허용 여부
를 두고 목소리를 높이기에
앞서 호스피스(죽음이 가까운
환자를 입원시켜 위안과 안락을
얻을 수 있도록 하는 특수 병원)를 늘리고 완화 의료(질병 개선이 아니
라 질병으로 인한 고통과 증상을 완화시켜, 더 편안하게 삶을 유지하는 데
목적을 둔 의료) 시스템을 개선하는 일이 우선돼야 해. 문제는 우리
나라에는 호스피스가 절대적으로 부족하는 점이야. 호스피스는
크게 입원형 호스피스와 가정형 호스피스로 나뉘는데, 입원형
호스피스는 호스피스 전문 기관의 병동에서 돌봄을 제공하는 입
원 서비스를 말해. 가정형 호스피스는 가정에서 지내기를 원하는

말기 환자에게 보건복지부에서 지정한 의료 기관의 호스피스 팀이 방문해 의료 서비스를 제공하는 형태이고. 현재 우리나라 전체 의료 기관 중 입원형 호스피스를 설치한 병원은 3%에 불과해.

〈자료 4〉를 보면 호스피스 이용자 비율이 매우 낮다는 걸 알 수 있어. 호스피스 대상 질환도 제한적이야. 말기 암, 만성 폐쇄성 호흡기 질환, 만성 간경화, 후천성 면역 결핍증, 만성 호흡 부전 등 다섯 개 질환 환자만 호스피스를 이용할 수 있어. 그 외 대다수 환자는 일반 병원 또는 가정에서 죽음을 맞이하는 상황이야.

의사 조력 자살이 허용되면 완화 의료 인프라가 축소될 가능성도 커. 공공 의료를 확대하고, 호스피스 관련 지원을 늘려 돌봄과 간병을 공적으로 책임지는 시스템을 구축하는 것이 먼저야.

의사 조력 자살이 허용되면 의료진의 심리적 부담이 커질 거라는 점도 걱정이야. 의술이 사람을 살리는 것이 아니라 죽이는 데 이용된다는 점에서 정체성에 혼란을 겪을 수도 있지. 지금도 많은 의료진이 환자가 사망할 때마다 정신적인 고통을 느끼고 있어. 의사 조력 자살을 허용하면 의료진의 부담이 더욱 커질 거야.

〈자료 4〉 우리나라 호스피스 이용률

1만 8,925명
(6.2%)

전체 사망자
30만 4,948명

출처: 중앙호스피스센터, 통계청(2020년)

오늘도 사회적으로 큰 논란이 되고 있는 주제에 대해 이야기해 봤어. 어떤 의견들이 오갔는지 정리해 볼게.

우선 찬성 측은 인간이 신체와 생명에 관한 권리를 갖듯 죽음을 결정할 권리도 지닌다고 주장했어. 치료 불가능한 질병에 시달리며 하루하루 고통 속에서 살아가는 환자들이 인간다운 죽음을 선택할 수 있도록 의사 조력 자살을 허용해야 한다고 했지. 해당 제도가 마련되면 의료비나 돌봄으로 인한 사회적 부담도 줄일 수 있다고 덧붙였어.

반대 측은 의사 조력 자살을 합법화하면 생명 경시 풍조가 확산할 수 있다고 우려했어. 말기 환자를 위해 필요한 건 의사 조력 자살 법제화가 아니라 호스피스 확대 및 완화 의료 시스템 개선이라고도 이야기했지.

죽음에 관한 문제는 늘 어렵고 무겁게 느껴지곤 해. 최대한 많은 사람이 인격적인 죽음을 맞이할 수 있는 제도적 장치가 마련됐으면 좋겠어.

교과 연계 목록

1장 새로운 가족_ 다양한 존재들과 어울려 살기

- **비혼 출산, 인정해야 할까?**
  중학교『기술·가정 ②』I. 건강한 가족 1. 변화하는 사회 속 건강한 가족

- **셰어런팅, 규제해야 할까?**
  고등학교『생활과 윤리』IV. 과학과 윤리 02. 정보 사회와 윤리

- **반려동물 보유세, 도입해야 할까?**
  중학교『기술·가정 ②』I. 건강한 가족 1. 변화하는 사회 속 건강한 가족

- **가상 인간, 계속 발전해도 괜찮을까?**
  고등학교『생활과 윤리』IV. 과학과 윤리 01. 과학 기술과 윤리

2장 새로운 학교_ 더 자유롭고 건강한 학창 시절을 위해

- **등교 시간, 자율화해야 할까?**
  고등학교『통합사회』IV. 인권 보장과 헌법 2. 인권 보장을 위한 헌법의
  역할과 시민 참여

- **채식 급식, 확대해야 할까?**
  고등학교『생활과 윤리』IV. 과학과 윤리 03. 자연과 윤리

- **야간 자율 학습, 의무 시행 해야 할까?**
  고등학교『통합사회』IV. 인권 보장과 헌법 3. 인권 문제의 양상과 해결 방안

- **학생인권조례, 폐지해야 할까?**

  고등학교 『통합사회』 Ⅴ. 인권 보장과 헌법 01. 인권의 의미와 현대사회의 인권

3장 새로운 사회_ 미래의 일상과 일터는 어떤 모습일까?

- **주 4일 근무제, 도입해야 할까?**

  고등학교 『정치와 법』 Ⅴ. 사회생활과 법 03. 근로자의 권리 보호

- **BTI 검사, 채용 과정에 활용해도 될까?**

  중학교 『기술·가정 ②』 Ⅲ. 진로와 생애 설계 2. 진로 탐색과 설계하기

- **도시 철도 노인 무임승차, 폐지해야 할까?**

  고등학교 『사회·문화』 Ⅴ. 현대의 사회변동 3. 저출산·고령화와 다문화적 변화

- **현금 없는 매장, 금지해야 할까?**

  고등학교 『경제』 Ⅰ. 경제생활과 경제문제 3. 경제문제 해결의 다양한 방식

4장 새로운 제도_ 규제냐 자유냐, 더 복잡해진 국가의 역할

- **대통령 피선거권 나이 제한, 완화해야 할까?**

  고등학교 『정치와 법』 Ⅲ. 정치 과정과 참여 02. 선거와 선거제도

- **탄소세, 도입해야 할까?**

  고등학교 『생활과 윤리』 Ⅳ. 과학과 윤리 3. 자연과 윤리

- **도시의 고도 제한 규제, 완화해도 괜찮을까?**

  고등학교『통합사회』Ⅲ. 생활 공간과 사회 1. 산업화·도시화에 따른 변화와
  문제점

- **의사 조력 자살, 허용해야 할까?**

  고등학교『생활과 윤리』Ⅱ. 생명과 윤리 01. 삶과 죽음의 윤리

북트리거 일반 도서

북트리거 청소년 도서

막힘없이, 토론!
정답을 넘어 우리의 세계를 넓히는 16가지 논쟁

1판 1쇄 발행일 2024년 5월 20일

지은이 박정란
펴낸이 권준구 | 펴낸곳 (주)지학사
본부장 황홍규 | 편집장 김지영 | 편집 공승현 명준성
책임편집 공승현 | 표지 디자인 스튜디오진진 | 본문 디자인 이혜리
교정교열 김정아 | 일러스트 이창우 | 인포그래픽 김상준
마케팅 송성만 손정빈 윤술옥 | 제작 김현정 이진형 강석주 오지형
등록 2017년 2월 9일(제2017-000034호) | 주소 서울시 마포구 신촌로6길 5
전화 02.330.5265 | 팩스 02.3141.4488 | 이메일 booktrigger@naver.com
홈페이지 www.jihak.co.kr | 포스트 post.naver.com/booktrigger
페이스북 www.facebook.com/booktrigger | 인스타그램 @booktrigger

ISBN 979-11-93378-16-8 43300

북트리거

트리거(trigger)는 '방아쇠, 계기, 유인, 자극'을 뜻합니다.
북트리거는 나와 사물, 이웃과 세상을 바라보는 시선에 신선한 자극을 주는 책을 펴냅니다.